Segen erfahren

Helmut Herberg (Hrsg.)

Segen erfahren

Ein praktisches Begleitbuch für die Seelsorge im Krankenhaus

Claudius Verlag

Bildnachweis

Roland Peter Litzenburger: Schildkröte, Feder 1955. Entnommen dem Zyklus zu: Carmen Bernos de Gasztold »Gebete aus der Arche«, erschienen im M. Grünewald Verlag Mainz (S. 59)

Marc Chagall, Noah mit dem Regenbogen © VG-Bild-Kunst, Bonn 2000 (S. 63)

Roland Peter Litzenburger: Jona im Bauch des Fisches, Feder und Tusche 1972. Entnommen dem Zyklus: RPL/Rainer Ruß »Jona« Bilder und Texte, erschienen im KBW Verlag Stuttgart (S. 65)

Cartoons: Jules Stauber (S. 148 und 152)

Meine Stelzen – deine Krücken Zeichnung: Helmut Kraft, Rodgau (S. 150)

Die Deutsche Bibliothek – CIP-Einheitsaufnahme

Segen erfahren : ein praktisches Begleitbuch für die Seelsorge im Krankenhaus / Helmut Herberg (Hrsg.). – München : Claudius-Verl., 2000
ISBN 3-532-62258-0

Umschlaggestaltung: Werner Richter
Satz: Stahringer, Ebsdorfergrund
Druck: Sellier Druck GmbH, Freising

ISBN 3-532-62258-0

Inhalt

III. Seelsorge auf Intensivstationen (Peter Häußer)

Vorwort

Kinder und auch Erwachsene lieben es, Steine ins Wasser zu werfen. Fasziniert stehen sie dann am Ufer und beobachten, wie sich zunächst in unmittelbarer Nähe des Aufschlags ein kleiner Kreis bildet. Aus dem kleineren werden größere Kreise, die nach einiger Zeit am Ufer zur Ruhe kommen.

Alle Beiträge dieses Buches sind wie Kreise, die von einer Mitte ausgehen, auf die Mitte bezogen sind und eine Bewegung, einen Prozess widerspiegeln. Einen Prozess, der Grundsätzliches und Vorläufiges in sich vereint. Das Grundsätzliche ist im Titel des Buches konzentriert, vergleichbar dem Stein, der ins Wasser fällt: *Segen erfahren – Ein praktisches Begleitbuch für die Seelsorge im Krankenhaus*. Segen ist »die dichteste und die dramatischste Stelle der christlich-jüdischen Glaubensäußerung«.[1]

Gottes Segen ist recht verstanden immer ein Reisesegen, ein Segen auf der Reise durchs Leben. An allen Übergängen (Geburt, Erwachsenwerden, Abschiednehmen und Loslassen), auf den Wegen durch die Wüsten und Täler des Lebens, durch Krankheit, Schmerzen und zuletzt durch das Tal des Todes, steht der Segen Gottes: die Vergewisserung seiner bleibenden Gegenwart und der Ermutigung nicht wegzulaufen, sondern standzuhalten.

Nur Gesegnete können segnen. Wir spüren jeden Tag unsere eigene Ohnmacht, unsere Sprachlosigkeit, unsere Wut, unser Angewiesensein auf den Segen Gottes. »Segnen und gesegnet werden ist das große Spiel der Freiheit von allen Selbstherstellungszwängen, von allen Zwängen der Selbstrechtfertigung«[2]. Nur indem wir in der Zeit der Stille Gottes Spuren in unserem Leben entdecken, können wir andere Menschen bei ihrer Spurensuche begleiten.

Wir, die Autorinnen und Autoren dieses Buches, arbeiten alle hauptberuflich als Pfarrerinnen oder Pfarrer in einer Klinik. Aus unseren Beiträgen wird deutlich, wie wir in unseren Bereichen, mit unseren ge-

---

1 Fulbert Steffensky: Das Haus, das die Träume verwaltet, Echter Verlag Würzburg [5]1999, S. 33

2 Steffensky, a. a. O., S. 33

genwärtigen Möglichkeiten und Kenntnissen, dem Segen Gottes Raum geben. Das hat etwas Vorläufiges, Ergänzungsbedürftiges. Es ist angelegt auf Weiterführung und hat bewusst Werkstattcharakter. Ein Angebot weiterzudenken, das Angefangene zu vertiefen oder auch es anders zu machen, neue Wege zu gehen. Diese Erfahrung ist immer begleitet von jener anderen, die uns schmerzlich daran erinnert, dass wir Gott nur hinterher sehen können. Kranksein ist eine schwere Krise, die alle Lebensbezüge mit betrifft. Kranke fühlen sich abgeschnitten, ausgeschlossen vom normalen Leben. In den Kliniken begegnen wir Kindern, Frauen und Männern aus allen gesellschaftlichen Schichten. Über ihre Beziehung zur Kirche, ihre religiöse Sozialisation wissen wir in der Regel nichts. Immer öfter begegnen wir Menschen, denen der christliche Glauben fremd ist.

»Warum gerade wir?«, fragen sich viele Eltern, die ein krankes oder behindertes Kind haben. Im Gespräch mit Schwestern der Kinderklinik hat Ilse Häußer Anregungen gesammelt, wie mit den Eltern eine Antwort gesucht und gefunden werden kann.

In ihrem Beitrag: »Kindergottesdienst im Krankenhaus« zeigt Ilse Häußer, wie an diesem ungewöhnlichen Ort, unter den besonderen Bedingungen vor und nach einer Operation, Gottes Gegenwart gefeiert werden kann. Die »Sorgensteine« haben darin ebenso ihren Platz wie die »Edelsteine«. Liturgische Elemente wie Singen, Schweigen, Berührungen und Bewegung sind neben biblischen Geschichten unverzichtbare Erfahrungsquellen.

Wie aber kann Gottes Segen erfahren werden, wenn Krankheitserleben mit all seinen Verunsicherungen, beängstigenden und quälenden Begleiterscheinungen das gegenwärtige Leben bestimmt? Christoph Schuler berichtet vom Alltag in einer psychiatrischen Klinik. Er zeigt, wie Menschen, die Angst haben, als psychiatrischer Fall stigmatisiert zu werden, die suizidgefährdet sind, deren Lebensperspektive sich durch ihre Krankheit schmerzlich verändert hat und die sich oft auch von Gott verlassen fühlen, Gottes Segen erfahren:

- als Befreiung von Selbstherstellungs- und Rechtfertigungszwängen
- als Wiederentdecken von Lebensmöglichkeiten
- als Ermutigung, Ich zu sagen
- als Hineinwachsen in tragende Beziehungen
- als Hineingenommensein in die Güte Gottes.

Seelsorge auf der Intensivstation ist Seelsorge in Extremsituationen.

Peter Häußer zeigt in seinen Überlegungen wie wichtig es dabei ist, Zuverlässigkeit, Sensibilität, Behutsamkeit, medizinisches Wissen und theologische Kompetenz miteinander zu verbinden. Krisenintervention mit Angehörigen, Gespräche mit Ärztinnen, Ärzten und Pflegenden, die oft über ihre Grenzen hinaus beansprucht werden und das Aushalten der Stille, wenn es ans Sterben geht, sind auf der Intensivstation alltägliche Herausforderungen. Hier werden andere Dimensionen der Seelsorge spürbar und erfahrbar, »in der die Seelsorger im Idealfall durch ihr Verstehen und Mitfühlen so etwas wie die verkörperte Bezeugung der Nähe Gottes sein können«[3].

Um körperlich sinnliche Erfahrung der Nähe Gottes geht es auch in dem Beitrag von Kathrin und Hans-Helmut Bayer: Liturgien des Segnens im Krankenhaus. Dabei wird auch der Frage nachgegangen, warum gerade die Form des Segnungs- und Salbungsgottesdienstes für kranke und sterbende Menschen so wichtig ist.

In den Kapiteln V und VI geht es um Werkstattberichte mit konkreten Beispielen für die Predigt und um Krankengrüße zum Mitbringen. Dabei kommt dann auch jener meist vernachlässigte Teil zur Sprache, der oft ein wenig abfällig als »Seelsorge an der Institution Klinik« bezeichnet wird.

Die in den verschiedenen Beiträgen angesprochenen Gedanken zum Thema *»Segen erfahren im Krankenhaus«* werden im Schlusskapitel: »Spurensicherung und Standortbeschreibung« vertieft. So ist dieses Kapitel, das auch zu Anfang oder mitten drin gelesen werden kann, wie eine Klammer, die alle Beiträge zusammenhält und ihren gemeinsamen Nenner beschreibt: Immer geht es darum, wie der Segen Gottes, »die Lebenskraft in ihrem tiefsten und umfassendsten Sinn«[4], im Krankenhaus erfahren werden kann.

Helmut Herberg, Herausgeber

---

3 P. Häußer, unten S. 91

4 Claus Westermann: Der Segen in der Bibel und im Handeln der Kirche, München 1992, S. 25

I. Seelsorge in der Kinderklinik

von Ilse Häußer

1. Wenn im Gespräch mit Eltern religiöse Fragen auftauchen[5]

Ich arbeite seit fünf Jahren als Klinikseelsorgerin an der Universitätsklinik in Tübingen; zu meinem Arbeitsbereich gehört auch die Kinderkardiologie. Für die Schwestern, die im Kontakt mit den Eltern stark gefordert werden – viele Kinder sind behindert oder chronisch krank, immer wieder stirbt ein Kind nach der Operation oder an einem inoperablen Herzfehler –, biete ich gelegentlich Gesprächsrunden an, in denen wir die Möglichkeiten reflektieren, mit den Eltern ins Gespräch zu kommen und unsere eigenen Erfahrungen zu verarbeiten. Die folgenden Überlegungen sind aus den Gesprächen mit den Schwestern entstanden.

Viele der Probleme, denen Eltern in dieser Situation gegenüberstehen, haben auch eine religiöse Dimension; denn religiöse Fragen sind Fragen nach dem Sinn dessen, was geschieht, nach einem Zusammenhang mit meinem übrigen Leben, nach Hintergründen und nach Transzendenz: Gibt es einen tieferen Sinn hinter dem, was man gemeinhin Schicksal nennt, eine Instanz, die unser Geschick lenkt?

Für die meisten Eltern sind die Schwestern und Pfleger, die das Kind versorgen, wichtige Bezugspersonen. Und die Offenheit der Pflegenden für ihre Fragen und der angemessene Umgang mit der Verunsicherung, Enttäuschung, den Sorgen und vielleicht auch Schuldgefühlen der Eltern kann für beide Seiten sehr hilfreich sein.

Wir können den Eltern ihren Schmerz nicht abnehmen, ihn auch nicht mildern. Wir können aber die Begleitumstände beeinflussen. Häufig werden gerade diese Umstände, die mit dem eigentlichen Problem gar nichts zu tun haben, als besonders kränkend oder auch besonders hilfreich erlebt.

---

5 aus: »Kinderkrankenschwester« Heft 8/1998

1.1. »Warum gerade wir?« – Offene oder versteckte Fragen der Eltern

Wenn ein Kind behindert ist, schwer krank wird oder wenn ein Kind stirbt, stellen viele diese bekannten Fragen: *Warum gerade wir? Was haben wir getan? Warum wir und nicht die andern, die ihr Kind nicht wollten, es misshandeln?* Manchmal äußert sich die Verunsicherung einfach auch nur in Zorn, der sich dann an ganz anderen Anlässen entladen kann, am Verhalten der Ärzte etwa oder organisatorischen Problemen. Wichtig ist dann, dass wir diesen Zorn nicht auf uns beziehen, sondern die Eltern spüren lassen, dass wir ihre Not sehen.
Hinter den Warum-Fragen stecken nach meiner Erfahrung oft bestimmte Ängste: *Was stimmt mit uns nicht, was unterscheidet uns von anderen?* Es hilft den Eltern meistens sehr, wenn sie merken: *Wir sind gar nicht allein, anderen geht es auch so.* Nicht nur, weil sie sehen: Man kann es überstehen, andere Eltern und Kinder überleben eine solche Operation und die Zeit danach, sondern noch mehr, weil sie dann nicht mehr in der Außenseiterposition sind, die offenbar schwer zu ertragen ist.
Ist es eine Strafe? – Manchmal spielen Schuldgefühle eine große Rolle – sehr konkrete und unter Umständen angemessene: *Was haben wir in der Schwangerschaft falsch gemacht?*, aber meist eher irrationale: *Werden wir dafür gestraft, dass wir das Kind zuerst nicht haben wollten?* Diese Schuldgefühle kommen selten offen zum Ausdruck, manchmal indirekt im Umgang mit dem Kind, als Überbehütung oder auch als Zorn. Was ganz vorne auf der Zunge liegt, ist sicher nicht das eigentliche, nur manchmal, z.B. wenn die Verzweiflung die sonst übliche Kontrolle wegreißt, werden tieferliegende Ängste geäußert. Immer noch begegnen junge Eltern entsprechenden Vorwürfen z.B. in der Verwandtschaft, auch und gerade von traditionell kirchlichen Menschen. Es braucht dann manchmal längere Gespräche, um mit den Eltern zusammen die Hintergründe solcher Äußerungen wie z.B. Eifersucht oder Machtausübung aufzudecken.
Verwandt mit der Warum-Frage ist die nach der Gerechtigkeit: *Was ist das für eine Welt – für ein Schicksal – was für ein Gott – warum geht es so ungerecht zu?* Offensichtlich reagiert man, wenn man direkt betroffen ist, anders als sonst: Unter anderen Umständen würde man vielleicht gar nicht annehmen, dass es gerecht zugeht auf der Welt oder dass unser Ergehen unmittelbar von unserem Verhalten abhängt. In Si-

tuationen, die einen aus dem gewohnten Rahmen herausreißen, ist das Bedürfnis nach überschaubaren und begreifbaren Zusammenhängen verständlich. Dabei sind Strafe oder Willkür nicht die einzigen Erklärungsmuster für das Leid, das so plötzlich über einen kommt. In anderen Religionen und Kulturen kann das Leid, auch das als unverdient empfundene, ganz anders gedeutet werden.

Ein türkischer Vater, gläubiger Muslim, hat seine Haltung einmal so erklärt: »Die Krankheit des Kindes ist für uns eine Prüfung, ob wir noch dankbar sind. Wir haben keinen Anspruch darauf, dass im Leben alles glatt geht, jeder hat ein bestimmtes Schicksal zu tragen. Bei manchen ist es etwas anderes, z.B. finanzielle Sorgen, über die ich jetzt nur lachen könnte. Man muss es so annehmen, wie es kommt, es ist Gottes Wille.«

Für Eltern stellen sich alle diese Fragen verschärft, denn sie sind verantwortlich für das Kind, und das Kind trägt viele Hoffnungen – dass das Leben weitergegeben wird, dass ein Stück von einem weiterlebt. Man möchte das Kind beschützen vor allem Bösen und erlebt sich als völlig hilflos. Man würde ihm gern etwas abnehmen – und muss es buchstäblich aus der Hand geben und mit ansehen, wie es leidet.

Diese grundsätzliche Verunsicherung drückt sich in den erwähnten Fragen aus, die aber in der akuten Situation in der Klinik oft nur versteckt auftauchen oder wenn der Druck zu groß ist. Manche Eltern verbieten sich solche Fragen nach dem ersten Erschrecken geradezu, weil sie (z.B. wenn das Kind behindert ist) zeigen wollen, dass sie das Kind annehmen wollen, so wie es ist. – Oder weil sie sonst die Zeit nicht durchstehen können. Manche legen sich in der Zeit des Klinikaufenthalts eine Schutzhaltung zu, die sich auf das Nächstliegende konzentriert – *»erst mal das hier durchstehen – bearbeitet wird daheim.«* Selbstverständlich müssen wir diese Haltungen respektieren und sollten nicht darüber spekulieren, ob da etwas verdrängt wird.

Häufig und massiv kommen die Fragen bei Eltern, die immer wieder mit dem Kind in die Klinik kommen müssen, wenn nicht viel geholfen werden kann, wenn Hoffnungen immer wieder enttäuscht werden.

Nach meiner Erfahrung sucht, wer so fragt, weniger nach einer Antwort, zumindest nicht in der akuten Situation, sondern vor allem Solidarität. Wenn der andere auf das mir gänzlich Unbegreifliche eine Antwort hat, kann diese mich nicht erreichen. Sie hilft mir nicht in meiner ganz anderen Situation, zeigt mir nur meine Einsamkeit und macht unter Umständen alles noch schlimmer. Deshalb ist die Reaktion auf eine entsprechende Antwort oft Schweigen oder manchmal sogar Zorn. (*»Der hat gut reden. Wenn es ihm ginge wie mir, würde er nicht so daherreden.«*)

Die Solidarität kann dadurch ausgedrückt werden, dass wir versuchen, die Gefühle hinter diesen Fragen zu erfassen, sie anzunehmen, soweit das möglich ist und vor allem mit auszuhalten, dass es eben jetzt vielleicht gar keine Antwort gibt, dass wir auch hilflos sind, entsetzt, empört, verunsichert. Die Eltern wollen dann auch weniger die medizinische Kompetenz, sondern mitmenschliche Solidarität – den Arzt, die Ärztin, die Schwester, den Pfleger, denen das alles auch nahe geht und die das zeigen können. Meist sind andere Betroffene am ehesten in der Lage, Trost zu geben. Von ihnen nehmen betroffene Eltern dann auch Erklärungen an, die sie von Nicht-Betroffenen nicht hören könnten. Manchmal ist die Seelsorgerin in diesem Stadium ein Prellbock für den Zorn auf das Schicksal, auf Gott …

Eltern machen wie Schwerkranke in ihrem Schmerz sehr unterschiedliche Phasen durch. Das heißt, die Fragen und die Bereitschaft, eine Antwort zu hören, können sich ändern. In einer Phase des Schocks brauchen sie Beistand, auch wenn sie ihn kaum wahrnehmen, in der Phase der Auflehnung (*»weil Gott unserem Kind nicht geholfen hat, will ich nichts mehr von ihm wissen«*) Verständnis, auf keinen Fall Belehrung (*»wie können Sie so etwas sagen?«*), in der Depression Geduld, manchmal auch Abstand.

Trotzdem sind wir gefragt in unserer Haltung. Auch wenn wir nicht rüberbringen können, was wir für uns als Antwort gefunden haben – wenn wir denn eine haben: Es ist für uns wichtig, dass wir uns darüber klar werden, auch für uns selbst, für unsere eigene »Psychohygiene«. Dabei ist klar, dass es keine allgemeingültigen Antworten gibt und dass auch wir eine Entwicklung durchmachen.

Welche Ansätze zu einer Antwort gibt es und wie hilfreich sind sie?

1.2. Psychologisierende Antworten

– *»Solche (kranken) Kinder sind oft besonders lieb, tapfer, kämpferisch.«*

Das ist tatsächlich oft so, aber manchmal hat man den Eindruck, dass die Eltern viel von ihren eigenen Wünschen auf das Kind projizieren.

Jedes Kind soll jedoch so sein können, wie es ist, und es sollte nicht durch besondere Eigenarten oder Fähigkeiten die grundsätzliche Kränkung der Eltern kompensieren müssen.

– *»In den betroffenen Familien gibt es oft einen besonderen Zusammenhalt.«*

Das trifft manchmal zu, oft aber auch nicht! Und trotz des Zusammenhalts kann die Überforderung einfach zu groß werden. Man denke nur an die erschreckend hohe Scheidungsrate bei Eltern, deren Kind gestorben ist. Häufig ist die unterschiedliche Art zu trauern (der eine vergräbt sich in seinem Schmerz, die andere will darüber reden und findet kein Gegenüber) eine Ursache dafür. Die Geschwister werden oft zwangsläufig vernachlässigt in der Zeit des Klinikaufenthalts, viele Eltern berichten später, dass ihre anderen Kinder auch krank werden oder z.B. in der Schule Schwierigkeiten zeigen.

Wenn ein Kind gestorben ist: *»Das Kind hat nicht bei uns, auf dieser Welt bleiben wollen, es hat nicht kämpfen wollen.«*

Das kann ein Trost sein, ist aber problematisch, wenn die Konsequenz heißt: »Sind wir zu schlechte Eltern?«

Am ehesten können Eltern von anderen Betroffenen etwas annehmen, das sie tröstet. Ausschlaggebend dafür, wie solche Antworten aufgenommen werden, scheint mir zu sein, *wer* sie gibt. Vor kurzem gab auf der Station die Mutter eines Kindes mit Down-Syndrom einer anderen in der gleichen Situation einen Text, in dem erzählt wird, wie Gott nach der geeigneten Mutter für ein behindertes Kind sucht. *»Dieses Kind gebe ich dieser Mutter, sie ist stark, selbstsicher … genug …«* Für beide Mütter lag in diesen Gedanken offenbar ein großer Trost. Als ich – beeindruckt von diesem Einverständnis der beiden sehr verschiedenen Mütter – einer anderen im Gespräch ein ähnliches Erklärungsmuster anbieten wollte auf ihre Frage, warum gerade sie ein behindertes Kind bekommen hat, bin ich kläglich gescheitert: Sie sah mich nur fassungslos an.

Wir können als Außenstehende nicht mehr tun, als durch möglichst einfühlsames Zuhören und Mitdenken einen Raum schaffen, in dem die Eltern selbst zu einer Antwort finden.

Eltern spüren in ihrer Verletzung sehr genau den Unterschied zwischen Trost und Vertröstung. Mit Vertröstung meine ich den Versuch, sich durch die Antwort innerlich vom anderen zu distanzieren, weil man es selbst gerade nicht erträgt.

1.3. Klassische religiöse Antworten

– *»Der Herr hat's gegeben, der Herr hat's genommen …«*

Dahinter steckt die Vorstellung von einem allmächtigen Gott, der willkürlich, unbegreiflich, grausam ist.

– *»Er weiß die Antwort, und irgendwann werden wir sie auch wissen …«*

Das sollte man nur sagen, wenn man wirklich davon überzeugt ist.

– *»Die Krankheit des Kindes ist eine Strafe Gottes.«*

Offenbar wird das immer noch von Verwandten, Bekannten zumindest andeutungsweise exerziert. Dabei wurde dieses Denken schon von Jesus zurückgewiesen, siehe Johannes 9, in der Geschichte eines jungen Mannes, der blind geboren wurde. Jesus weist die Frage der Jünger: »Hat dieser gesündigt oder seine Eltern?« deutlich zurück.

– *»Die Kinder, die sterben, werden zu Schutzengeln für andere …«*

Für manche Eltern ist das eine tröstliche Vorstellung, andere können gar nichts damit anfangen. Ich würde eine solche Antwort nicht von mir aus anbieten, sie aber, wenn sie von den Betroffenen selbst kommt, aufnehmen.

– *»Gott hat dem Kind viel ersparen wollen, er hat es zu sich geholt, weil er es besonders lieb hat.«*

Ich glaube nicht, dass diese Antwort den Schmerz lindert. Die Reaktion kann zunächst nur sein: »Ich wollte es aber behalten!« Manche kommen mit der Zeit zu dieser Haltung, und dann kann sie echt trösten.

– *»Gott muss dich sehr lieb haben, er legt niemandem etwas auf, das er nicht tragen kann.«*

Denkbare Reaktion: »Dann soll er doch bitte jemand anderen so lieb haben, nicht mich.«

– *»Jedes Kind hat eine Aufgabe zu erfüllen, dann darf es heim zu Gott. Jeder Mensch hat das Leben als Prüfung zu bestehen, wir dürfen heim, wenn wir unsere ›Hausaufgaben‹ gemacht haben …«* (nach Elisabeth Kübler-Ross).

So etwas sollte man nur sagen, wenn man fest davon überzeugt ist. Ich habe es in der Hilflosigkeit einmal mit so einer Antwort versucht, als eine Mutter fragte, warum ihr 9-jähriges Kind sterben musste. Die Mutter schaute mich an und sagte: »Glauben Sie das?« Ich musste sagen: »Nein, im Moment bin ich nur traurig und empört darüber, dass er nicht geholfen hat. Ich hätte gern eine Antwort, aber diese trägt doch nicht, wenn ich genauer hinschaue …«

Hinter den religiösen Antworten stehen entsprechende Gottesbilder, die man sich möglichst bewusst machen sollte: häufig sind das Bilder von einem allmächtigen Gott, der dann auch willkürlich, unbegreiflich, grausam ist.

Eine mögliche andere Vorstellung wäre: Gott leidet mit uns (Problem: Ist er dann nicht allmächtig?) Er ist da, wo es Menschen schlecht geht, in dem Leiden erfahren wir immer wieder überraschende Hilfe. Christus hat am Kreuz erfahren, was menschliches Leiden bedeutet, ist denen besonders nahe, die leiden. Wir werden getragen, gerade auch in dieser eigentlich unerträglichen Situation, Gott wird auch weiterhelfen. Wir wollen in seine Hand legen, was geschieht …

Wir müssen uns damit abfinden, dass unsere Antworten nicht »aufgehen«, dass bei jeder ein Rest bleibt. Die Erfahrung zeigt, dass die meisten zu einer Annahme dessen, was geschehen ist, erst durch die Klage, den Zweifel kommen, unabhängig von der religiösen Einstellung. Auch für Christen sind die Klagen, ist auch die Anklage Gottes nicht verboten! (Vergleiche hierzu die biblischen Klagepsalmen.)

1.4. Die Fragen nach dem »Jenseits«

Wo ist das Kind jetzt? – »Bei Gott …« – Eltern reagieren unterschiedlich auf diese Antwort: getröstet, manche aber auch verärgert oder hilflos. Wichtig ist sicher die Echtheit dessen, der das sagt. *Glaubt der das selber?*

Wenn das verstorbene Kind im Traum erscheint mit der Botschaft: *»Es geht mir gut!«*, wirft das Fragen auf: »Woher kommt diese Botschaft? Aus einer anderen Welt? Aus der eigenen Seele, die sich damit selber helfen will? Gibt Gott uns durch die Seele hilfreiche Bilder zur Bewältigung?« Ich würde solchen Trost ohne Hemmungen aufnehmen und verstärken, weil ich immer wieder erlebe, dass diese Erlebnisse wirklich helfen können. Ich denke, dass sie sehr verbreitet sind, dass aber sich viele scheuen, davon zu erzählen. Doch kann man auf keinen Fall aus solchen Erlebnissen Spekulationen über das Leben danach ableiten. Letztlich geht es darum, die Toten loszulassen, auch wegen der eigenen seelischen Gesundheit – das kann aber ein langer Prozess sein.

Der christliche Glaube hat wenig Vorstellungen von einer Existenz nach dem Tod. Andere Religionen bieten da mehr (z. B. Reinkarnation oder spiritistische Vorstellungen).
In der Bibel wird der Glaube an einen neuen Himmel und eine neue Erde bezeugt (siehe Offb 21). Der Gedanke an eine unsterbliche Seele kommt eher aus hellenistischen Traditionen. Er wird im Neuen Testament aber gelegentlich aufgenommen.
Was man vom christlichen Glauben her sagen kann, ist dieses: *Bei Gott geht nichts verloren, auch nicht die Liebe, die wir für den Verstorbenen empfinden. Bei ihm wird das Leben gehalten und vollendet. Christen glauben – aufgrund der Auferstehung Jesu – an die Auferstehung von den Toten. Wann und wie das sein wird, das weiß niemand.*
Für viele sind Rituale am Krankenbett hilfreich, z. B. ein Gebet, ein Segen oder auch Taufe, Kommunion und Krankensalbung. In der Klinik ist dafür wenig Raum, die medizinische Versorgung hat Priorität, und oft scheint etwa ein Gebet nicht zu passen. Es ist aber überraschend, dass manchmal auch Eltern, von denen man es nicht erwartet hätte, in einer Notsituation darum bitten beziehungsweise auf das Angebot entsprechend positiv reagieren. Oft habe ich aber das Gefühl, es lieber nicht anbieten zu sollen, weil die Eltern sonst die Fassung, die sie brauchen, verlieren könnten.
Mit einem Gebet oder Segenswort kann deutlich werden: *Wir legen unsere Hilflosigkeit in Gottes Hand, vertrauen ihm an, wofür wir die Verantwortung nicht mehr tragen können.* Die eigene Begrenztheit, die sonst nur diffus und ärgerlich spürbar wird, kann deutlich ausgesprochen werden. Das kann sehr entlastend wirken – oft sagen Eltern nach der Taufe ihres Kindes (z. B. vor der Operation), dass sie jetzt erleichtert sind, obwohl sie wissen, dass die Taufe keine Garantie dafür gibt, dass alles gut geht. Sie fühlen sich in einem Bezugsrahmen, der wieder etwas Sicherheit gibt: Wir sind nicht allein. Mit einem Segenswort kann an frühere gute Erfahrungen erinnert werden. Dadurch kann Hoffnung neu wachsen.
Manchmal kommt von den Betroffenen selber der überraschendste Trost. Wer das Leiden durchmacht, kann viel mehr lernen und erfahren als die anderen und dann auch davon weitergeben. Aus einem Brief von Eltern einige Monate, nachdem ihre Tochter kurz nach der Operation gestorben war: *»Wir sind jetzt davon überzeugt, dass unsere Tochter zu Gott gehen wollte, sie hat vorher manchmal davon gesprochen. Wir versuchen, das zu akzeptieren.«*

2. Kindergottesdienste im Krankenhaus

2.1. Der andere Kindergottesdienst: Erfahrungen und Hilfestellungen

Gottesdienst auf den Kinderstationen im Krankenhaus – ist das Kinderkirche an einem ungewöhnlichen Ort oder eine Sonderform eines Familien- beziehungsweise Krankengottesdienstes? Seit fünf Jahren sammeln wir damit Erfahrungen, jeden Sonntag Vormittag. Wir versuchen immer wieder neu, auf die besonderen Bedingungen dieser Gottesdienste zu antworten.

2.1.1. Zum äußeren Rahmen

Die katholische Kollegin und ich wechseln uns ab, meistens ist eine Medizinstudentin dabei, die eine Ausbildung als Musiktherapeutin hat und gut Gitarre spielt. Wir treffen uns im Spielzimmer, das den meisten Kindern schon vertraut und lieb ist – als der Ort in der Klinik, in dem sie, geschützt vor Spritzen, Stechen, Untersuchungen usw., vor allem angenehme Erfahrungen machen. Ein Raum, in dem am ehesten Normalität möglich ist. Die Kinder kommen von der allgemeinchirurgischen, orthopädischen und kardiologischen Station, d.h. fast alle Kinder sind operiert, oder sie haben eine Operation oder andere unangenehme Eingriffe vor sich. Die meisten Kinder werden von ihren Müttern oder Vätern begleitet, die größeren kommen manchmal auch allein.

2.1.2. Besondere Bedingungen

Wir sind zwar als Seelsorgerinnen auf den Stationen präsent, so weit es uns im Rahmen unseres Dienstauftrags möglich ist, wissen aber wegen der hohen Fluktuation vorher nur vage, wie viele Kinder kommen, wie alt sie sind, welche Vorerfahrungen und Erwartungen sie – und die Eltern – mitbringen. Die Voraussetzungen sind ganz andere als bei »normalen« Familiengottesdiensten in der Gemeinde. Neben geübten Gottesdienstbesuchern, die die gängigen Lieder kennen und feste Erwartungen mitbringen, sind fast immer auch Eltern und Kinder dabei, die kaum jemals in einem Gottesdienst waren und nicht wissen, was das alles zu bedeuten hat.
Sehr unterschiedliche Erfahrungen machen wir mit muslimischen Fa-

milien. Manche kommen ganz selbstverständlich und wären verletzt, wenn wir sie nicht einladen würden: »Wir beten doch zum gleichen Gott«. Andere lassen ihre Kinder nicht zum Gottesdienst kommen, auch wenn der Kontakt zu uns Seelsorgerinnen sonst oft sehr herzlich ist. Wir haben für dieses Problem keine Lösung. Die Kinder sind ausgeschlossen, eine Erfahrung, die sie freilich auch sonst machen und kompensieren müssen. Auf den christlichen Charakter des Gottesdienstes zu verzichten und eine irgendwie interreligiöse Feier zu gestalten, scheint uns kein guter Kompromiss. Das Bedürfnis nach einem »richtigen« Gottesdienst ist bei vielen doch ganz deutlich, und wir vermuten, dass streng muslimischen Eltern eine offenere Form nicht zu vermitteln wäre, solange es diese anderswo auch nicht gibt.

Auch andere Kinder, die gerne kämen, können oder dürfen nicht teilnehmen – weil es ihnen noch zu schlecht geht, weil sie am Monitor bleiben müssen oder etwa, weil gerade eine Untersuchung angesetzt ist. Manchmal kommen wir dann noch ins Zimmer und singen oder spielen mit den Instrumenten etwas vor.

Eingeladen wird mit Plakaten auf der Station und durch eine Lautsprecherdurchsage eine Stunde vorher. Meist gehen wir unmittelbar vorher durch die Zimmer und holen auch Kinder ab, die im Bett bleiben müssen, wenn sie nicht schon von den Schwestern oder Eltern gebracht wurden. Größere Kinder und Jugendliche lassen sich oft von Zimmergenossen zum Mitkommen animieren – oder davon abhalten. Auf offene Ablehnung stoßen wir selten, oft dagegen auf höfliche Distanz bei Eltern. Die Kinder sind meist eher neugierig. Oft kommen Kinder, deren Eltern gerade nicht da sind, mit großem Interesse. Zuhause wären die Eltern sicher nicht mit ihnen zu einem Familiengottesdienst gegangen. Vor kurzem kam ein Sechsjähriger allein und sagte: »Meine Mutter hält nichts davon, aber *ich weiß*, wie eine Kirche aussieht.«

Die Haltung des Personals hängt auch von der Arbeitsbelastung ab. Meist fragen schon die Schwestern die Kinder, ob sie kommen wollen und bringen die, die im Bett bleiben müssen. Aufschlussreich war folgender Dialog zwischen zwei Schwestern – eine, mit sehr kirchlichem Hintergrund: »Ich will kein Kind dazu überreden, mich hat man früher gezwungen …« Die zweite: »Mir hat niemand etwas vom Glauben erzählt, ich habe alles selber zusammensuchen müssen, die sollen ruhig gehen, das schadet keinem.« Eine andere versuchte, einen Jungen einzuladen, der wohl psychisch bedingte Essstörungen hat: »Du kannst da Gott alles sagen, was dich belastet.« Als er dann prompt während dieser Zeit nicht gespuckt und sich wohlgefühlt hatte, war sie sehr zufrieden …

Manchmal kommt eine Schwester mit oder ein Arzt bringt »seine« Kinder vorbei. Nur noch ganz selten kann ein Kind wegen der Visite oder wegen einer Untersuchung nicht kommen. (Freilich gab es auch die Schwester, die darauf bestand, dass der Elfjährige, der so gerne kommen wollte, sich gerade um halb elf, zur Gottesdienstzeit, waschen musste.) Gelegentlich fragen die Erzieherinnen uns in den nächsten Tagen, was wir am Sonntag gemacht haben, weil die Kinder davon erzählen. Die Schwestern registrieren stark, dass wir in den Gebeten auch an sie denken.

Wegen der hohen Fluktuation und den vielen Operationen gibt es nur wenige Kinder, die an mehreren Sonntagen hintereinander kommen können. Andererseits gibt es, vor allem in der kardiologischen Abteilung, Kinder, die kurz vor der Operation zum Gottesdienst kommen und dann nach der Zeit auf der Intensivstation wieder, wenn sie nicht mehr am Monitor bleiben müssen. Für die Mütter ist dann manchmal, wenn ich auf der Intensivstation vorbeikomme, das ein Ziel: »Wenn du hier raus bist, gehen wir aber wieder zum Gottesdienst …« Und der letzte Gottesdienst vor der Operation und der Zeit auf der Intensivstation, an dem das Kind teilnehmen konnte, bekommt ein besonderes Gewicht: »Am Sonntag waren wir doch noch im Gottesdienst und haben miteinander gebetet und den Segen bekommen, und jetzt liegt sie schon so lang da und wir wissen nicht, ob sie wieder gesund wird …«

Die Kinder sind, wenn sie schwere Operationen hinter sich haben, oft noch geschwächt und verängstigt, aber die Sehnsucht danach, am »normalen« Leben wieder teilnehmen zu können, ist stark zu spüren. Wenn ein Kind ganz unbefangen und locker ist, ist es meist ein Geschwisterkind, das gerade auf Besuch da ist. Dann gibt es noch die »geübten« Patientinnen und Patienten mit chronischen Krankheiten, die immer wieder kommen müssen, und das heißt auf diesen Stationen auch immer wieder zu Operationen oder anderen schweren Eingriffen. Meist sind sie sehr anhänglich, freuen sich auf den Gottesdienst und beteiligen sich meist stärker als die Kinder, für die es eine einmalige Erfahrung ist.

2.1.3. Erwartungen und Ziele

Der Gottesdienst soll, wie der Aufenthalt im Spielzimmer unter der Woche, ein Stück normales Leben in eine außergewöhnliche Situation bringen, gute Erfahrungen wachrufen und die Erfahrung vermitteln, nicht ausgegrenzt zu sein. Deshalb muss nicht unbedingt die besondere Situation des Krankseins im Mittelpunkt stehen.

Andererseits ist die Situation eben nicht »normal«, und vielen wird das gerade im Gottesdienst besonders schmerzlich bewusst. Das kann sich in Reaktionen äußern, die wir am Anfang nicht richtig verstehen konnten. Für viele Eltern kommt es während des Klinikaufenthalts vor allem darauf an, diese Zeit mit Fassung zu überstehen – »bearbeitet« wird daheim. Trotzdem sollen die oft übermächtigen Sorgen und Ängste angesprochen werden können, aber nicht so, dass diese sie ganz überwältigen.

Die unausgesprochene Erwartung: »Sprich mich an, nimm mich ernst, aber nicht so, dass ich meine Tränen nicht zurückhalten kann; ich will nicht, dass mein Kind meine Angst spürt«, hat bei mir am Anfang zu einiger Befangenheit geführt, weil ich sie mit Abweisung oder Verschlossenheit verwechselt habe. Aber wir wollen und müssen diese Bemühung der Eltern ernstnehmen, auch wenn wir der Meinung sind, dass Tränen (zur rechten Zeit und am rechten Ort!) befreiend sein können. Deshalb kann manches nur angedeutet werden. Ich hoffe, dass ich inzwischen während der Feier spüre, was an diesem Tag angebracht ist.

Verharmlosen ist auf keinen Fall möglich: Manche der Kinder haben lebensbedrohliche Krankheiten, und diese Bedrohung kann gerade im Gottesdienst wieder stärker präsent und bewusst werden. Nachdem ich einige Male erlebt habe, dass ein Kind, das am Sonntag mit seinen Eltern im Gottesdienst war, die Operation in der Woche darauf nicht überlebt hat, versuche ich, mindestens an einer Stelle der Feier etwas von diesen Sorgen und dem Ernst der Situation aufzunehmen, z. B. im Eingangsgebet oder Schlusssegen.

2.1.4. Auswirkungen auf die Gestaltung und die Inhalte

Wir müssen sehr flexibel sein und können kein fertig vorbereitetes Programm durchziehen. Der Gottesdienst muss sehr abwechslungsreich sein, die Kinder sollen sich möglichst viel beteiligen können, sind aber in ihrer Bewegungsfähigkeit eingeschränkt und oft auch sehr schüchtern. Längere Geschichten erzählen ist nicht möglich, weil meist zu viele ganz kleine Kinder dabei sind und die Konzentration allgemein schnell nachlässt. Wenn eine Geschichte erzählt wird, sollten die Kinder sie mit ganz einfachen Mitteln mitgestalten oder nachspielen können. Bei alldem sollten auch die Eltern angesprochen werden. Ich versuche das mit einer Mischung aus kindgerechter Darbietung und einigen kurzen Gedankenanstößen für die Erwachsenen.

2.1.5. Ablauf

In der Gestaltung der Gottesdienste hat sich der Schwerpunkt immer stärker auf die Liturgie verlagert. Der feste Ablauf gibt mir Sicherheit und macht es möglich, von da aus auf die jeweilige Situation an diesem Sonntag einzugehen. Die Musik ist ganz wichtig, wir haben viele Orff'sche Instrumente angeschafft. Jedes Kind bekommt einen Klangstab, eine Trommel, Rassel oder Ähnliches. Wir singen sehr einfache, möglichst bekannte Lieder. Ab und zu wird ein anspruchsvolleres zum Zuhören vorgetragen.

Der Tisch in der Mitte, um den die Kinder im Bett, im Rollstuhl oder auf Hockern versammelt sind, ist geschmückt wie ein Altar: mit einem Kreuz, Blumen, einer Kerze. Ein italienisches Mädchen, das einen schweren Herzfehler hat und immer wieder kommen muss, brachte vor einigen Monaten ein Tuch mit. Ihre Mama, die Oma und sie selbst mit ihren sieben Jahren hatten es bestickt – mit einer wunderschönen Häkelborte, roten Herzen und dem Spruch: »Lieber Gott, hilf allen Kindern«. Viele Stunden Arbeit für unser Altartuch.

Der Gottesdienst beginnt damit, dass die Röhrenglocken gespielt werden. Noch nie habe ich erlebt, dass dabei ein unruhiges Kind weitergeschrieen hätte. Dann kommt ein einfaches Begrüßungslied, in dem jedes Kind mit seinem Namen vorkommt. Auf dem Altar stehen Kärtchen mit den Namen der Kinder. Für das Eingangsgebet hat sich ein besonderes Ritual entwickelt: In eine Schale mit Sand stecke ich lange, schmale Kerzen – für alles, was wir Gott sagen wollen: wofür wir danken (z.B. dass eine Operation gut vorbeigegangen ist), um was wir bitten ... Das ist meist der Höhepunkt der Feier. Die Eltern und die Kinder sind dabei besonders aufmerksam. Wir beten für die Kinder, die in den nächsten Tagen operiert werden oder denen Untersuchungen bevorstehen: dass es nicht so weh tut, dass sie bald heimdürfen. Dann auch für die Kinder auf der Intensivstation. Für die Angehörigen, die

sich Sorgen machen. Für die Geschwister, die eifersüchtig sind. Für die Leute, die im Krankenhaus arbeiten. – Wie viele verschiedene Berufe können wir zusammentragen?
Manchmal nehmen die Kinder dann etwas auf: »Für meine Eltern, die können nicht schlafen, solange ich in der Klinik bin«, sagte einer, und sein Nachbar setzte noch eins drauf: »Und meine können nicht mal arbeiten die ganze Zeit, wo ich hier bin«. Oder: Für die Schwestern, »dass sie die Nerven nicht verlieren und dass sie besser bezahlt werden.« Ein Zehnjähriger betete, dass ihm nicht immer so viel passieren möge. Ein Siebenjähriger, der sehr oft da sein muss, betete für die Kinder, die allein da bleiben müssen, dass sie nicht immer weinen, wenn die Eltern gehen, »weil das für die Eltern auch nicht schön ist«. Eine 14-jährige wollte eine Kerze anzünden für ihre Mutter, die vor einigen Monaten gestorben ist.
Mit einem Psalm für Kinder und Spielliedern wird dieser Teil abgeschlossen. Manchmal verwenden wir bunte Tücher[6], z.B. um den Gang der Sonne und die verschiedenen Farben des Tages und der Nacht nachzubilden. Dazu kommen Spiele mit den Instrumenten aus dem Repertoire der Musiktherapeutin, meist schon passend zum jeweiligen Thema.
Manchmal gibt es eine Meditation mit unseren »Sorgensteinen«, von denen jeder einen bekommt und die dann auf dem Altar abgelegt werden. Die Themen werden danach ausgesucht, ob sich in ihnen etwas aus den Erfahrungen in der Klinik spiegelt und ob sie so umgesetzt werden können, dass die Kinder, auch die in den Betten und mit Infusionsnadeln in den Händen, beteiligt sind.
Am Schluss versuchen wir, einen Kreis zu bilden, dabei sind die Kinder in den Betten natürlich einbezogen, und sprechen einen Segen, dann das Vaterunser. Dabei halten wir uns an den Händen. Oft ist danach noch der Wunsch zu spüren, dass wir noch zusammenbleiben. Dann singen wir noch mal.
Der feste Rahmen des Gottesdienstes und sicher auch das gemeinsame Singen und Feiern ermöglichen es manchmal einem Kind oder den Eltern, dass sie etwas sagen oder auch nur zeigen, was sonst im Gespräch auf der Station nicht möglich wäre. Vielleicht, weil es dann als zu bedrohlich oder zu persönlich empfunden würde.

---

6 Zu beziehen bei: RPA-Verlag, Gaußstraße 8, 84030 Landshut

Im Gottesdienst entsteht ein Raum, in dem wir uns gemeinsam bewegen, Gott miteinander unsere Sorgen und Angst anvertrauen, ohne dass für mich der Anspruch entsteht, Antworten geben zu müssen, die ich nicht habe. Und es kann sich ergeben, dass aus einer biblischen Geschichte eine Antwort kommt. Was sonst kaum ausgesprochen werden kann, kann im Gottesdienst durch die Sprache des Gebets, der Psalmen, mit Hilfe von Symbolen angedeutet werden, so dass jeder sich davon ansprechen lassen kann, soweit es jetzt gerade möglich ist.

2.2. Bausteine

2.2.1. Eröffnung

Die Seelsorgerin stellt sich und die Mitarbeiterin vor, zündet die Kerze an, eventuell mit einem Spruch:
»Christus spricht: Ich bin das Licht der Welt. Wer zu mir kommt, bleibt nicht im Dunkeln.«
»Wir feiern hier im Spielzimmer Gottesdienst wie sonst in der Kirche – wir haben einen Tisch als Altar, das Kreuz, Blumen, eine Kerze, ein Tuch mit einem Spruch, einem Gebet darauf …
Wenn man in die Kirche geht, gibt es etwas zu sehen, aber auch zu hören. Meistens läuten dann die Glocken. Die haben wir hier auch, und wenn wir die Augen zumachen, hören wir sie besser …«
(Einmal hab ich nicht dazu aufgefordert, die Augen zu schließen, und der Neunjährige, der oft da ist und an diesem Sonntag die Glocken spielte, weigerte sich anzufangen: »Du musst erst noch sagen, dass alle die Augen zumachen sollen!«)

Einfaches Lied zur Begrüßung

Guten Tag, guten Tag, lieber Daniel … Oder: Guten Tag, guten Tag, lieber Daniel, guten Tag, guten Tag, wir freuen uns auf dich …
Die Melodie dazu kann frei erfunden werden.
oder: Lasst uns miteinander …
(aus: Menschenskinderlieder, siehe Literaturverzeichnis)
Die Kinder werden aufgefordert, mit den Instrumenten mitzuspielen.
Wenn ein Kind nicht dabei sein kann, weil es etwa auf der Intensivstation liegt, aber die Mutter da ist mit Geschwistern, singen wir »… wir denken fest an dich.«

Manchmal begrüßen wir uns ausführlicher und stellen uns mit den Instrumenten vor: Jedes Kind (wenn nur wenige da sind, auch die Eltern) sagt seinen Namen und schlägt dazu z.B. auf die Trommel … oder streicht vorsichtig über das Glockenspiel … oder lässt das Regenrohr rasseln …

Lied

Ja, Gott hat alle Kinder lieb (Refrain) (aus: Menschenskinderlieder)

Psalm

aus: Sagt Gott, wie wunderbar er ist (siehe Literaturverzeichnis)
z.B.: Auf allen meinen Wegen … (S. 102)
So wie ich bin, komme ich zu dir … (S. 76)

Gebet

»Ihr habt euch vielleicht schon gewundert, warum wir hier eine Schale mit Sand stehen haben. Die brauchen wir für unser Gebet. Wir zünden eine Kerze an für alles, was wir jetzt Gott sagen wollen, alles was uns einfällt – was wir erlebt haben, wofür wir dankbar sind, was uns geärgert hat oder Angst gemacht, und um was wir ihn bitten wollen. Ich fang mal an: Lieber Gott, wir danken dir für alle Kinder, die in den vergangenen Tagen operiert wurden und denen es wieder besser geht …

Wir bitten dich für die Kinder, die in der nächsten Woche operiert werden oder die eine große Untersuchung haben …

… für die Kinder drüben auf der Intensivstation, dass sie bald wieder bei uns sein können und nicht so viel Angst haben müssen …

… für die Väter und Mütter, die jetzt nicht da sein können, weil sie noch andere Kinder daheim haben, und doch gerne hier bei uns wären … Und für die Omas und Opas und Freunde, die an euch denken und auf euch warten

… für die Geschwister, die jetzt manchmal sauer sind, weil die Eltern so viel im Krankenhaus sind und die sich auch Sorgen machen.

… für alle, die hier im Haus arbeiten, die Schwestern und Pfleger, Ärztinnen und Ärzte, Erzieherinnen, Putzfrauen …, dass sie Freude an ihrem Beruf haben und die Geduld nicht verlieren …«

Zum Schluss zünde ich eine Kerze an und jeder kann in der Stille Gott sagen, was für ihn ganz besonders wichtig ist.

Meistens entsteht während dieses Gebets eine hohe Konzentration, oft auch eine Anspannung, manche Eltern weinen. Ich lasse dann ein bisschen Zeit, damit das ausklingen kann. Dann singen wir gemeinsam:

Lied

Wir singen alle Hallelu ... (aus: Menschenskinderlieder)
Wir stampfen alle Hallelu ... (wer im Bett liegt, wackelt mit den Zehen ...)
Wir klatschen, winken, zappeln, schnalzen, klopfen, spielen (mit den Instrumenten), summen, pfeifen ... alle Hallelu...
Das Lied baut oft Spannungen ab, die während des Gebets aufgekommen sind, beziehungsweise nimmt manches davon auf.

2.2.2. Annäherungen an ein Thema

In diesem Teil versuche ich, mit Farben, Tönen, Bewegungen auf das Thema des Gottesdienstes einzustimmen, so dass alle sich beteiligen können.

a. Das Lied: Vom Aufgang der Sonne ... (aus: Menschenskinderlieder) wird mit bunten Tüchern dargestellt:
Der Lauf der Sonne am Himmel von der schwarzen Nacht über die ersten zarten Farben am Himmel (rosa, lila, hellblau ...) bis zum Gelb der Sonne und zurück zur Abenddämmerung:
entsprechend dem Text werden die bunten Tücher hochgehoben und gesenkt, bei »sei gelobet der Name des Herrn« kann man die Tücher schwenken ...

b. Farben drücken Stimmungen aus – hell – dunkel, traurig – froh ...
Jeder sucht sich zwei Tücher aus – ein helles und ein dunkles.
Die Stimmungen werden vorsichtig beschrieben ...
Mit den Instrumenten können manche Gefühle ausgedrückt werden ...

c. Meditation mit den Sorgensteinen

Alle Beteiligten bekommen einen Stein in die Hand (dieses Element war ursprünglich gedacht für die Eltern, die Kinder mögen es aber auch sehr gern, manche wollen den Stein behalten).
Ich spreche langsam dazu:
»Jede und jeder von uns hat einen Stein in der Hand, den schauen wir

uns mal genau an. – Wie ist er wohl so geworden, so rund und glatt? Er lag lange im Flussbett, viele hunderttausend Jahre, er wurde dort abgeschliffen …
Wir wiegen ihn in der Hand, schauen die Adern an, streichen mit der Hand darüber, jeder Stein ist anders, manche sind ganz abgerundet, manche haben spitze Kanten …
Manchmal drückt uns etwas so schwer wie ein großer Stein (wir legen den Stein auf die Schulter) …
Oder es ballt sich im Magen zusammen, liegt darin wie ein Stein. – Wir versuchen, das zu spüren …
Wenn wir eine Sorge los sind, sagen wir manchmal: jetzt ist mir aber ein Stein vom Herzen gefallen …
Wir können nicht alle Sorgen so einfach loswerden … Sorgen drücken unterschiedlich schwer … Manches kann man lösen, manches muss man so hinnehmen, und Gott bitten, dass er uns hilft, es zu tragen …
Oft hilft es auch, wenn ich sehe, ich bin nicht allein damit, wenn ich mit anderen darüber reden kann … Manches kann man auch versuchen loszuwerden, abzulegen … Wer will, kann den Stein dann auf unseren Altar legen.«

Dazu das ***Lied:*** Meine Zeit steht in deinen Händen (in: Liederbuch für die Jugend, S. 596)

d. Meditation mit »Edelsteinen«
Kleine Halbedelsteine werden ausgeteilt (sehr beliebt!), angeschaut, befühlt, jeder ist anders. Wenn wir sie länger in der Hand behalten, werden sie ganz warm.
Man kann sie gegen das Licht halten, bei manchen fast hindurchsehen … Edelsteine sind wie Lichtfunken, die im Stein festgehalten werden, sie funkeln wie die Sterne vom Himmel …
Was sagt mein Stein? »Du bist kostbar, wertvoll, etwas ganz Besonderes, Gott hat dich lieb …«
Gott sagt zu uns: »Du ist in meinen Augen wertgeachtet und ich habe dich lieb …«

Lied
Vergiss es nie, dass du lebst, war keine eigene Idee (aus: Die Fontäne in blau; den Text gibt es auch auf einer Karte vom Kawohl-Verlag).

e. Sich öffnen – sich verschließen

Pantomimisch zeigen, wie man sich ganz in sich zusammenrollt, zurückzieht, sich dann langsam öffnet ... (Ohren zuhalten – versuchen, leise Töne zu hören ...).

»Manchmal ist man ganz verschlossen, kann nichts an sich heranlassen – das darf auch sein! Dann müssen die anderen einen in Ruhe lassen. Wenn man sich öffnen kann, geht es einem besser, aber dazu muss man die anderen kennen lernen, gute Erfahrungen gemacht haben ...«

Man kann spielerisch jemanden, der sich pantomimisch ganz verschlossen hat, mit leisen Klängen vorsichtig herausholen oder ein Chiffontuch zusammenknüllen, es sich langsam zur Blüte öffnen lassen.

Lied

Gib uns Ohren, die hören (Liederbuch für die Jugend, 534)

Dazu Bewegungen:

Gib uns Ohren, die hören (die Hände werden hinter die Ohren gelegt)

Und Augen, die sehn (die Hände über die Augen)

Und ein weites Herz, andre zu verstehn (die Hände öffnen sich vom Herz aus)

Gott, gib uns Mut, unsre Wege zu gehn (die Arme werden mit angewinkelten Ellbogen bewegt)

f. Tore und Türen (erweiterte Version vom obigen Vorschlag)

Es gibt verschiedene Arten von Türen – große weite Tore, da können viele gleichzeitig durchgehen, in eine große Stadt ...

Es gibt kleine Türen, da muss man sich bücken, z.B. die Tür zur Geburtskirche in Bethlehem ...

Es gibt Türen, durch die man gern hineingeht – zuhause, bei Freunden, ins Kino, zum Spielplatz ...

Und Türen, durch die man lieber hinausgeht (Krankenhaus?) ...

Manche Tore sind auch fest verschlossen, zugemauert, lassen keinen durch. – Andere stehen weit offen, sind festlich geschmückt, warten darauf, dass jemand kommt.

Phantasiereise

»Ich bin unterwegs, gehe durch die Wiesen, an einem Fluss vorbei, sehe von weitem eine Stadt mit vielen Toren und Türmen, Häusern, da

will ich hin. Ich sehe ein Tor vor mir liegen, da muss ich durch – wie sieht mein Tor aus? Ich stehe jetzt vor dem Tor, gehe hindurch, was liegt dahinter?«

Wenn möglich: erzählen, was man gesehen hat.

»Wir Menschen sind wie Tore – manchmal offen und bereit, jemanden aufzunehmen, erwartungsvoll, neugierig – welche Körperhaltung nehmen wir dann ein?

Manchmal muss man sich verschließen, allein sein, Ruhe haben, z.B. um nachzudenken, etwas zu verarbeiten ...

Verschlossene Tore wecken allerdings die Neugier: was steckt dahinter?

Manchmal darf man nachfragen, um jemanden dazu zu bringen, dass er sich öffnet (s.o.), manchmal ist es besser, den anderen in Ruhe zu lassen ...

Unsere Sinne sind Tore zum Leben – die Augen, Ohren, wir tasten, schmecken, riechen ... Staunen mit offenen Augen, Ohren, Mund ...

Wenn wir offen sind, erleben wir mehr, sind freundlicher, andere sind meist freundlicher zu uns ... Aber wenn wir traurig sind und Angst haben, können wir uns nicht so einfach öffnen. Was hilft dann?

g. Wie die Zeit vergeht

Die Zeit vergeht unterschiedlich schnell. Das merken wir hier in der Klinik besonders gut. An manchen Tagen will sie einfach nicht vergehen. Z.B. wenn ein Kind wartet, dass endlich der Besuch kommt, und der kommt und kommt nicht. Immer wieder fragt es die Schwester: Wann ist endlich drei Uhr ...

Wir spielen das mit den Instrumenten, wie die Zeit ganz langsam und zäh verstreicht.

Und dann kommt der Besuch und sie spielen miteinander und erzählen, und dann schaut der auf die Uhr und sagt: Du liebe Zeit, jetzt ist es schon sechs. Die Zeit ist richtig vorbeigerast ...

Auch das spielen wir nach.

Weitere Beispiele

Wenn es in der Schule langweilig ist, oder: Wann bin ich endlich so groß, dass ich in den Kindergarten gehen kann, in die Schule, im Auto vorne sitzen, das Warten aufs Heimgehen ... – dann schleicht die Zeit.

Wenn die Ferien zu Ende gehen, wenn Erwachsenen zurückschauen auf ihre Kindheit, wenn man etwas Schönes zu lesen hat …, dann merkt man, wie die Zeit rast.

Lied

»Große Uhren gehen tick tack …«
mit den Instrumenten darstellen: z. B. die Trommeln sind die großen Uhren, die Klangstäbe die kleinen, die Rasseln die ganz kleinen …

h. Weg-Meditation

Ein Foto oder Bild von einem Weg wird ausgeteilt.
»Wohin führt er, woher kommt er?
Ist der Weg leicht, mühsam, geht ihn einer allein oder ist er in Begleitung?
Was ist das Ziel, was will ich erreichen, wohin will ich gehen?
Warum ist der Weg von manchen Menschen so schwer?
Steine liegen auf dem Weg, der Weg ist steil, die Kraft reicht manchmal kaum aus …
Ein andermal kann man hüpfen und springen …
Wir können mit den Fingern auf dem Tisch oder der Bettdecke langsam gehen, gemütlich schlendern, schnell hüpfen, eilig, hastig rennen – mit Instrumenten begleiten.
Weiß Gott, wie es mir geht, lässt er mich allein oder ist er bei mir?«
Dazu kann man die Karte mit der Geschichte von den Spuren im Sand austeilen und die Geschichte lesen.

i. Hände

»Unsere Hände – Gottes Hände.
Was können wir mit unseren Händen alles tun?
Was fehlt einem, wenn eine Hand – oder beide – verbunden oder geschient ist?
Was kann man mit den Händen ausdrücken? Geh weg, komm her, bleib wo du bist, ich mag dich, ich weiß nicht so recht …
Was können unsere Finger sagen? Zeigen, deuten, schimpfen, locken, Daumen hoch oder runter …
Was heißt: Wir sind in Gottes Hand?«

Lieder

- Gottes Hand hält uns fest (aus: Menschenskinderlieder)
- Er hält die ganze Welt in seiner Hand (aus: Liederbuch für die Jugend, S. 517)
- Geh unter der Gnade (aus: Die Fontäne in blau)

j. Verloren – wiedergefunden

Kurze Szenen vom Verloren-Sein und Wieder-Gefunden-Werden werden erzählt und mit den Instrumenten nachempfunden:
Z. B.: mit der Mutter im Kaufhaus, im Gedränge geht das Kind verloren, die vielen Menschen, Stimmen ...
Dann sieht das Kind die Mutter von weitem, läuft zu ihr hin ...
Der Teddy, die Puppe ist verschwunden, wird überall gesucht ...
Nachts ist das Kind allein, der Teddy auch ...
Am anderen Morgen wird er im Garten gefunden – die Freude beim Wiederfinden ...

2.2.3. Biblische Geschichten

Geeignet sind einfache Geschichten, die sich nachspielen oder mit einfachen Mitteln darstellen lassen.
Dabei eignet sich die gute alte Flanelltafel hervorragend, weil die Kinder vom Bett aus gut darauf sehen können, wenn sie hoch genug gehängt wird.
Die Art der Erzählung richtet sich nach den Anwesenden. Es sollte möglichst einfach und anschaulich erzählt werden und so, dass in der Erzählung und der Darstellung die theologische Aussage schon enthalten ist. Es ist besser, wenn sie in einem Lied noch einmal aufgegriffen wird, als wenn sie zu stark betont wird.

a. Die Geschichte von der Sturmstillung: Die Geschichte wird kurz erzählt, eventuell mit dem Bilderbuch von Kees de Kort, und dann gespielt: mit den bunten Tüchern und den Instrumenten wird der aufkommende Sturm und das Ansteigen der Wellen nachempfunden (besonders wirkungsvoll sind die Ocean-Drums, eine Trommel, gefüllt mit kleinen Bleikügelchen, die Meeresrauschen hervorbringen.)
Das Schaukeln des Boots auf dem See kann zu zweit mit den Händen (einer formt das Schiff, der andere die Wellen) nachgespielt werden.

Wenn Jesus dem Wind und den Wellen befiehlt, still zu sein, wird das durch einen Gongschlag ausgedrückt, die Bewegungen und die Geräusche werden schwächer. Wir hören dem ausklingenden Gong nach.

b. Beim Gleichnis vom Verlorenen Schaf spielen wir die Geschichte nach. Ein Kind bekommt ein Schaffell, versteckt sich im Spielzimmer, ein anderes, als Hirte mit Stock und Hut versehen, sucht es, kommentiert und begleitet von den anderen, die mit ihren Instrumenten verschiedene Stationen der Suche markieren (z.B.: der Hirt kommt an einer Quelle vorbei: Wasser plätschert; er hört Vögel singen: Flöte oder kleine Wasserpfeife; es regnet: Regenrohr; es wird dunkler: dunkle Tücher wehen lassen; fremde Geräusche, er bekommt Angst: Ocean-Drums; jemand reitet auf einem Esel vorbei: Rasseln oder Schellentrommel ...).

Das ***Spiellied*** »Ein Mann hat hundert Schafe« (aus: R. Krenzer, »Regenbogen, bunt und schön«) ist einfach zu lernen und lässt sich auch im Bett darstellen.
(vgl. A. Grüßhaber, Vom Mitmachen und Mutmachen, S. 104)

c. Für die Geschichte von der Kindersegnung bekommt jedes Kind ein Bild, das es selbst darstellt, und dieses Bild wird dann auf eine Flanelltafel mit dem Bild von Jesus geklebt.

d. Die Geschichte von Zachäus kann man gut mit den Händen nachspielen: Welche Gesten machen wir, wenn wir jemanden ablehnen, annehmen, einladen ...?
Wie hat Zachäus wohl auf diese Gesten reagiert, wie hat er selbst seine Empfindungen und Absichten ausgedrückt?
Welche Gesten macht Jesus, wie zeigen die anderen ihre Entrüstung ...?

e. Die Geschichte von der Heilung des Taubstummen: Verschlossen sein, nicht dazugehören, sich die Ohren zuhalten, durch die Körperhaltung ausdrücken, wie es ist, wenn man ganz in sich gekehrt ist, seine Ruhe haben will. Und dann: Sich anrühren lassen, sich langsam öffnen, Vertrauen schöpfen ...

f. Das Gleichnis vom Senfkorn kann pantomimisch und mit Instrumenten umgesetzt werden:
Das Senfkorn fällt in die Erde (das Kind rollt sich ganz klein zusammen.)
Es ruht eine Weile.
Regen und Tau machen den Boden feucht (Regenrohr, Handharfe, Xylophon)
Die Sonne scheint warm darauf, langsam kommt ein kleiner Keim (das Kind streckt einen Finger, die Hand, den Arm heraus, grüne Tücher wehen lassen, aufsteigende Töne spielen.)
Es sprießt, wächst, wird zum Baum … (das Kind richtet sich auf, soweit es möglich ist.)
Der Wind streicht durch die Äste (Handharfe)
Es hält dem Sturm stand (Ocean-Drums …)

g. Vom Leib und den Gliedern 1. Korinther 12 – kann eingesetzt werden, wenn genügend große Kinder da sind): Bilder von Körperteilen werden ausgeschnitten und verteilt und an die Flanelltafel geheftet)
Wir improvisieren ein Gespräch zwischen den einzelnen Teilen (Auge, Ohr, Hand, Mund, Bauch, Fuß …), die sich auch noch durch ein bestimmtes Instrument zu Wort melden können:
»Ich bin besonders wichtig, weil …
Nein, ohne mich würdet ihr …
Nein, mich braucht man ganz besonders, sonst könntet ihr nicht …«
Jeder ist etwas Besonderes, alle gehören zusammen, brauchen einander.
Das könnte man auch auf die Menschen im Krankenhaus anwenden – welche Berufe gibt es, wer macht was, wie brauchen die einzelnen sich untereinander?
Für kleinere dazu die Fabel von der Maus und vom Löwen:
(Die Tiere wetteifern, wer am besten, am wichtigsten ist. Die Maus wird ausgelacht, weil sie so klein ist und nichts kann. Als der Löwe gefangengenommen wird, befreit sie ihn mit ihren scharfen Zähnen …)
Auch die Geschichten, die sich vom *Kirchenjahr* her anbieten, können spielerisch im Bett umgesetzt werden, am besten durch Geräusche, aber auch durch einfache Kostümierung: Wichtig ist, dass möglichst alle beteiligt werden – bei ganz kleinen Kindern auch die Eltern.

2.2.4. Schlussgebet und Segen

Am Schluss versuchen wir, einen Kreis (oder eine Kette) zu bilden und mit den Händen die Bitte um den Segen nachzuvollziehen:
»*Gott, lass mich wachsen* (die Hände werden nach oben gestreckt)
schütze meine Gedanken (die Hände formen ein Dach über dem Kopf)
nimm mir die Sorgen von den Schultern (wir streifen sie ab mit den Händen)
gib mir Kraft für diesen Tag (die Hände bilden eine Schale)
und lass mich nicht allein (wir fassen uns an den Händen)
und segne uns.«
Vaterunser (dabei halten wir uns an den Händen)

2.3. Literatur

Religionspädagogische Praxis. Handreichungen für elementare Religionspädagogik, Verlag religionspädagogische Arbeitshilfen, Landshut (erscheint viermal im Jahr)

Alma Grüsshaber, Vom Mitmachen und Mutmachen, Stuttgart 1992

Er gebe uns ein fröhlich Herz, hrsg. vom Württembergischen Evangelischen Landesverband für Kindergottesdienst, Stuttgart 1985

Lydia Laucht, Heute will ich zu dir kommen. Gottesdienste, die Kinder trösten und ermutigen, Stuttgart 1994

Liederbücher

Liederbuch für die Jugend, hg. von Markus Hartenstein und Gottfried Mohr, Stuttgart 1995

Die Fontäne in blau. Lieder, die Horizonte öffnen. Hrsg. von Eckhard Geier, Gisela und Karl Häberle, Stuttgart 1997

Menschenskinderlieder, hrsg. von der Beratungsstelle für Gestaltung von Gottesdiensten und anderen Gemeindeveranstaltungen. Zu beziehen direkt beim Herausgeber, Eschersheimer Landstraße 565, 60431 Frankfurt

Er gebe uns ein fröhlich Herz, hrsg. vom Württembergischen Evangelischen Landesverband für Kindergottesdienst, Stuttgart 1985

II. Seelsorge in der Psychiatrie

von Christoph Schuler

1. Seelsorge als Beziehungsgestaltung

1.1. Die Situation auf Station

Herr M. fühlt sich nicht gut, er braucht *»seelsorgerischen Trost«*, wie ich beim Abhören des Anrufbeantworters erfahre. Es wird eine längere Begleitung daraus. Mehrere Gespräche – eines zusammen mit seiner Frau, die sich jetzt, nach sechs Jahren Ehe und acht »manischen Schüben« mit den entsprechenden Klinikaufenthalten, am Ende ihrer Kraft fühlt und keine andere Möglichkeit für sich sieht, als sich zu trennen. Wie sollen sie und ihr Kind leben in der Perspektive einer möglicherweise lebenslangen Erkrankung ihres Partners? Und wie ist das mit dem Eheversprechen? Sie und ihr Mann haben sich in einem Hauskreis ihrer Kirchengemeinde kennen gelernt.
Frau H. ruft an: *»Ich muss Sie unbedingt sprechen! Es ist ganz dringlich!«* Und sie ist entsprechend aufgeregt, als ich komme. Sie soll zwangseingewiesen werden, weil sie keine Medikamente einnehmen möchte. Ich solle dabei sein, wenn der Richter zur Anhörung kommt!
Auf dem Flur begegne ich Frau S. Zusammengekauert sitzt sie da: sie ist sehr depressiv; »hochsuizidal« meint die Krankenschwester.
Als ich an einem Zimmer anklopfe und eintrete, sehe ich Frau O.: Sie sitzt vor ihrer kleinen Marienstatue. Sie ist sehr streng katholisch, möchte aber trotzdem mit mir sprechen, weil sie mich von früheren Klinikaufenthalten kennt.
Und dann ist da der achtzehnjährige T., der wie vierzehn aussieht, mich ganz schüchtern um ein »Beichtgespräch« bittet und dann von seinen pubertären Ängsten und Schuldgefühlen wegen Onanierens spricht.
Am Ende des Stationsflurs treffe ich auf Frau Z., eine ältere, »handfeste« Person, die mit blitzenden Augen und deftigen Redensarten aufwartet. *»Was, Sie send hier der Pfarr? – Was kennet Sie den helfe?«* Es genügt ihr nicht zu wissen, dass ich sie besuchen möchte und mich an

ihr interessiert zeige. *»Was soll des – ich mecht wisse, was Sie bewirket.«* Trotz ihrer kernig-alten Redeweise und ihrer Vergesslichkeit scheint sie mir mit der Frage nach der Effektivität meiner Tätigkeit auf der Höhe der Zeit.

Im Krankenzimmer auf Station, in der Nische des Aufenthaltraumes oder Flurs, oder im Sprechzimmer der Klinikseelsorge, wo wir ungestörter sind, kommen viele Themen zur Sprache:

- das *Krankheitserleben* mit all seinen verunsichernden, beängstigenden und quälenden Begleiterscheinungen (z.B. Stimmenhören, Unruhe, Alpträume, Verfolgungsängste, Beziehungsgedanken, Verzweiflung, Schlaflosigkeit, innere Leere oder Druck, »Höllenqualen«)
- die erlebte *Hoffnungslosigkeit*, die zu einem Suizidversuch geführt hat und jetzt heftige Selbstvorwürfe (*»ich habe eine große Dummheit gemacht«)* hervorruft
- die oftmals dramatischen Vorgänge, die zur *Klinikeinweisung* geführt haben, und der dadurch entstandene Groll gegenüber Angehörigen und anderen Personen
- die Angst, für »verrückt« gehalten, und als psychiatrischer Fall *stigmatisiert* zu werden
- Fragen wie: Was ist eigentlich mit mir geschehen? Bin ich überhaupt krank? Was hat mein Leben für einen *Sinn*, wenn ich immer wieder krank werde?
- die durch die Erkrankung schmerzhaft veränderte *Lebensperspektive*
- die *Frage nach Gott*: Hat er mich im Stich gelassen? Oder hält er gerade jetzt zu mir?

Es ist gut, wenn solch fragendes Umgetriebensein des Patienten ein Ohr findet, und nicht nur unter eine Krankheitssymptomatik verrechnet wird. Der Seelsorgerin/dem Seelsorger kann der Patient ungefiltert sein Erleben schildern (*»Ihnen kann ich das ja sagen«)*, ohne gleich für ihn unliebsame Konsequenzen wie Erhöhung der Medikation oder Ausgangssperre befürchten zu müssen. Natürlich muss der Seelsorger auch Wohlergehen und Sicherheit des Patienten im Auge haben; so gilt es, besonders bei Suizidgedanken des Patienten mit ihm daraufhin zu arbeiten, dass er – soweit nicht schon geschehen – davon auch das Pflegepersonal in Kenntnis setzt.

1.2. Gestaltungsmöglichkeiten der Seelsorge

Seelsorge in der Psychiatrie gestaltet sich recht unterschiedlich nach Intensität und Dauer der Zuwendung: kurzen einmaligen Kontakten stehen Begleitungen über mehrere Krankenhausaufenthalte oder Jahre gegenüber. Dabei dient die Begegnung und Beziehung des Patienten zum Seelsorger zugleich dazu, die Beziehung des Patienten zu sich selber zu klären und zu kräftigen.

Für die Beziehungsgestaltung des Seelsorgers zum Patienten sind mir *drei Aspekte* wichtig, die die Sichtweise des Patienten betreffen:

1. Die *Einmaligkeit* jedes Menschen, die den Kranken nicht als »Fall« einer psychiatrischen Diagnose, sondern als unberechenbaren Menschen sieht. Diese Einmaligkeit fordert auf Seiten des Seelsorgers eine besondere Wahrnehmungsfähigkeit heraus.

Krankheitsbedingt verschwimmen beim Patienten nicht selten die Ich-Grenzen. Deshalb braucht er Mitmenschen, die eine möglichst klare eigene Identität haben, und sich selber einigermaßen kennen. Klarheit und Wahrhaftigkeit, Übereinstimmung mit mir selbst, sind wichtig für die Begegnung.

2. Die besondere Dünnhäutigkeit und *Verwundbarkeit* des Kranken, die meine Behutsamkeit und Sensibilität herausfordert. Ich habe es mit Menschen zu tun, die vielfältigste Verwundungen erfahren und oftmals große Ängste vor Kontakten haben.

3. Seelsorgebeziehungen leben von einer *Hoffnung*, die sich nicht am Vorfindlichen festmacht, sondern unter dem eschatologischen Aspekt an einem Lebenssinn festhält, auch dort, wo dieser nicht aus der Verfassung oder dem Handeln des Patienten abgeleitet werden kann. Als Seelsorger zehre ich selber von dieser Hoffnung, wenn ich z.B. depressiv erkrankte Patienten begleite, deren Zustand unter Umständen über Monate hinweg nahezu unverändert erscheint.

Die Kraft, mit und für den Patienten zu hoffen ist auf Seiten des Seelsorgers besonders auch angesichts erneuter Krankheitsphasen herausgefordert. Der Patient ist auf Hoffnung angewiesen und spürt es sehr genau, wenn niemand mehr Hoffnungen in ihn setzt. Doch er spürt ebenso genau jede Unaufrichtigkeit und darf nicht mit einem leichtfertigen »das wird schon wieder« abgespeist werden.

Der Seelsorger sollte in die Beziehung unter anderem folgende *drei Fähigkeiten* mitbringen:

1. Die Fähigkeit, auf die kommunikativen Möglichkeiten des Patienten einzugehen, das heißt, seine Sprache, Bilderwelt, Symbolik, Ausdrucksmöglichkeiten zu verstehen, und darauf zu antworten. So kann es wichtig sein, Sprachbilder des Patienten aufzugreifen und weiterzuführen oder auch darin verborgene hoffnungsvolle Aspekte aufzuzeigen. Ferner gilt es, *Sprachfähigkeit* auch darin unter Beweis zu stellen, dass mit sehr schweigsamen und stumm gewordenen Patienten Kontakt gehalten werden kann.
2. Der Seelsorger braucht ferner eine gehörige Portion *Beziehungsfähigkeit*, die stark genug ist, auch mit der eingeschränkten Kontaktfähigkeit eines depressiv erkrankten Patienten zurechtzukommen. Höchst problematisch wäre es, wenn der Seelsorger Patienten ausbeutet, indem er eigene Leblosigkeit und Leere dadurch auffüllt, was ihm von Patienten in psychotischen oder manischen Zuständen entgegensprudelt.
3. Ganz wichtig erscheint mir auch *die Fähigkeit, sich selbst zurückzunehmen* und die Selbständigkeit und Freiheit des Patienten zu wahren. Höchst schädlich für psychisch erkrankte Menschen ist jede Form von Machtausübung im psychischen Sinn. Manche Erkrankte sind leicht beeindruckbar und beeinflussbar. Umso mehr gilt es sich vor jeder Form von Manipulation zu hüten. Nicht Dominanz von Seiten des Seelsorgers, sondern Stärkung der Stärken des Patienten ist gefragt.

Ich möchte jetzt das *B* wie *Beziehung* noch ein wenig durchdeklinieren: *Beraten – Beistehen – Begleiten – Bedeutung erschließen – Beheimaten/Beziehung stiften:*

a. Beraten

So wie es einen ärztlichen Rat gibt, kann es auch einen seelsorglichen Rat geben. Ein Patient ist z.B. mit einer ziemlich zwanghaft-rigoristischen Frömmigkeit depressiv erkrankt und bei seiner täglichen Bibellese liest er immer nur gegen ihn Gerichtetes und ihn Anklagendes heraus. Wenn er mir dies als »Not« berichtet, spreche ich mit ihm darüber, ob es nicht angezeigt sein könnte, das Bibellesen für eine Zeitlang auszusetzen oder durch etwas anderes, ihn Ermutigendes, zu ersetzen.

b. Beistehen

Ich stehe am Bett eines etwa 25-jährigen Studenten, der an Armen und Beinen fixiert ist. Beim ersten Besuch, geschieht nicht viel mehr, als dass

ich ihm den Speichel und Schaum von den Lippen wische. Er ist noch ziemlich erregt, aber lässt meine Nähe zu. Am übernächsten Tag können wir uns schon gut unterhalten und miteinander lachen.
Beistehen, das heißt präsent sein, wenn ein Mensch sich ausgesetzt, bedroht, am Boden fühlt – in schwerster Krise. Ich meine, dass das Beistehen in solch extremen Krisen Vertrauen schafft und nachhaltige Wirkungen zeigt. Ich glaube nicht, dass der psychotisch erkrankte Mensch erst dann ansprechbar ist, wenn mit ihm ein vernünftiges Gespräch geführt werden kann. Vielmehr benötigt er *tragende Nähe mitten in der Angst.*

c. Begleiten

Manchmal geht der Beistand in einer Krisensituation über in eine längerfristige Begleitung: Im Wort Begleitung steckt die Metapher des Wegs, das Nebenhergehen. Als Begleiter bestimme ich nicht die Richtung des Wegs, aber ich gehe ihn ein Stück mit, biete, wenn es schwierig wird, auch meine Hand an oder greife unter den Arm.
Eine Frau kommt nach dem Tod ihres zweiten Mannes in die Klinik. Sie leidet unter einer bipolaren Depression, die immer wieder mal zum Vorschein kommt. Aber ihr Niedergedrückt-Sein resultiert nicht allein daraus, sondern auch aus einer gut einfühlbaren Trauer. Wir sind im Gespräch darüber. Eines Tages äußert sie den Wunsch, das Grab ihres Mannes zu aufzusuchen. Ich fahre mit ihr zum Friedhof außerhalb der Stadt. Sie kauft Blumen. Gemeinsam gehen wir zum Grab. Sie spricht mit ihrem verstorbenen Mann, verabschiedet sich noch einmal, spricht an, wie sehr er ihr fehlt, und dass sie es »ganz schön gemein« findet, dass er sie allein zurückgelassen hat. Dann sprechen wir zusammen ein Gebet. Auf dem Rückweg zündet sie sich eine Zigarette an und kauft etwas zum Knabbern, um es mit mir zu teilen.

d. Bedeutung erschließen

Die Frage nach dem Sinn und Ziel des eigenen Lebens ist in der Psychiatrie – durch die oftmals spürbare Ausgrenzung – allgegenwärtig. Besonders offen, brennend und spannend erlebe ich sie in der Jugendpsychiatrie und bei jungen Patienten der Erwachsenenpsychiatrie. Behutsames Hören und Bestätigen kann hier einen Beitrag leisten zur eigenen Selbstfindung.
Ich möchte auch mithelfen, Menschen bei ihrer religiösen Suche zu begleiten. Ihnen beistehen, ansatzweise ein persönliches Credo zu formu-

lieren, das vielleicht von dem, was sie als tradierten Glauben erfahren haben, und worunter sie gelitten haben, durchaus abweicht.
Für eine junge Patientin, die sich selber prostituiert hatte, war es *die* Entdeckung, dass Jesus sich auch Prostituierten zugewendet hat und diese für ihn Aufnahme in die Gemeinschaft mit Gott fanden.
Auch die Einordnung religiös gefärbter Erlebnisse im Rahmen einer Psychose bedürfen der Einordnung ins Leben und sollen nicht einfach als »religiöser Wahn« ausgegrenzt werden.

e. Beheimaten / Beziehung stiften

Der Seelsorger in der Psychiatrie hat auch eine Brückenfunktion in die Gemeinde und zur Gemeindepsychiatrie. Er kann, wenn gewünscht, den Patienten über Angebote der Kirchengemeinde vor Ort informieren oder den Kontakt zum Kollegen in der Gemeinde herstellen (selbstverständlich nur in Absprache und auf Wunsch des Patienten).
Mancher Klinikseelsorger ist auch im *sozialpsychiatrischen Feld* engagiert, so z.B. in einem Trägerverein für ambulante Einrichtungen wie therapeutischen Wohngruppen, Sozialpsychiatrische Dienste, Familienpflege – oder er hält Kontakt zu Teestuben und Kontaktcafés für psychisch Kranke.
So empfinde ich es als Bereicherung meiner Tätigkeit im Krankenhaus, dass ich im Rahmen einer von Laien getragenen Anlaufstelle für Menschen mit seelischen Erkrankungen und Behinderungen (*Klinke* in Tübingen) an einem Vormittag im Monat die dortige Teestubenarbeit versehe, d.h. Tee und Kaffee koche, Brötchen kaufe, den Tisch decke und ab 10 Uhr mit einem halben oder auch ganzen Dutzend Leuten dort gemeinsam frühstücke und ins Gespräch komme. Zunächst geht es einfach um das Erleben von Gemeinschaft – nebenbei aber wird manches geklärt oder geplant. Nicht wenige der Besucher kenne ich von einem stationären Aufenthalt in der Klinik.

1.3. Kontakte zu Angehörigen

Als sehr hilfreich für Familienangehörige, Partner und Freunde von psychisch erkrankten Menschen haben sich die *Angehörigengruppen* erwiesen, die es inzwischen vielerorts gibt, und von denen manche auch von Klinikseelsorgern begleitet werden.

Auch Bildungshäuser und kirchliche Akademien wie z.B. die Evangelische Akademie Bad Boll veranstalten regelmäßig *Tagungen* für Partner und Angehörige psychisch Erkrankter zu Themen wie »Nichts ist mehr wie es war – Partnerschaft und psychische Erkrankung«, »Wo bleibe ich? – Lebensentwürfe und Lebensgestaltung in Familien mit psychisch Erkrankten« oder »Eltern bleiben wir ein Leben lang – zur Situation der Eltern, wenn Kinder psychisch erkranken«.
Immer wiederkehrende *Fragen und Gesichtspunkte*, die bei solchen Gelegenheiten *von Angehörigen* genannt werden sind:

- Wie grenze ich mich gegenüber dem »kindlichen Verhalten« des Patienten ab?
- Wie sorge ich für mich? Wo finde ich Freiräume? *Was brauche ich?*
  Dabei werden Wünsche geäußert wie: »für sich selber sorgen dürfen«, »lernen, was mir gut tut«, »eigene Wünsche erkennen und umsetzen«, »Ruhe und Zeit für mich haben«, »räumliche Distanz, um innerlich meinem erkrankten Familienmitglied näher zu kommen« oder »ich wünsche mir, dass ich so gut für mich sorge, dass meine Kinder dadurch ein Modell für sich finden«.
- Welches *Verhalten des Kranken* muss ich tolerieren? An welcher Stelle kann ich Verhaltensänderungen beim Erkrankten erwarten und einfordern und was geht nicht?
  Hier tauchen Äußerungen auf wie »Mein erkrankter Sohn muss mehr Verantwortung übernehmen«, »Mein Sohn muss mehr die Beziehungen zu Gleichaltrigen pflegen«, »Ich wünsche mir, dass mein Sohn einsieht, dass räumliche Trennung nicht innere Trennung bedeutet«.
- Was will ich ändern? Was muss sich ändern? Wo finde ich *Unterstützung*?
  Die Antworten lauten dann etwa »Ich suche Austausch mit anderen«, »Ich wünsche mir mehr Transparenz in der Behandlung«, »Ich erwarte mehr Respekt vor der Situation der Eltern«, »Wir Eltern müssen gemeinsam politischen Einfluss gewinnen«, »Ich benötige Hilfestellungen bei einem Rückfall« oder »Ich möchte daran arbeiten, mehr Selbstsicherheit zu gewinnen«.
  Mitunter ergeben sich auch längerfristige Begleitungen von Partnern und Angehörigen von Patienten, die gerade stationär in der Klinik behandelt werden:
  Die Partnerin eines Patienten fühlt sich von ihm wenig verstanden. Sie hat das Empfinden, dass er ihr ein gut Teil an seiner Erkrankung

in die Schuhe schiebt. Sie selber erlebt dies völlig anders. Außer den wenigen und kurzen Kontakten zum Stationsarzt fühlt sie sich damit aber ziemlich allein gelassen, und wendet sich deshalb an den Seelsorger. Die Dinge sich einmal von der Seele reden zu können, tut ihr sichtlich gut. Sie nimmt sich z.B. vor, ihr Interesse an Musik und Tanz wieder mehr zu pflegen.

2. Krankheitsspezifische Seelsorge

2.1. Seelsorge mit depressiv Erkrankten

»Ich kann meinen Zustand in den vergangenen Wochen nur insoweit andeuten, dass ich mich unfähig gefühlt habe, die einfachsten Dinge zu tun, z.B. Lesen, Schreiben, Musik hören, Anrufen. Gleichzeitig hatten mich alle guten Gefühle verlassen, ich konnte nicht mehr Weinen und nicht mehr Lachen. Geblieben sind nur schlimme Gefühle der Schuld, Angst, Unruhe und Hoffnungslosigkeit. Es schien mir, als ob mein Leben zu Ende gehen müsste, ohne das Erbarmen Gottes …« (Aussage einer Patientin).
»Nicht mein Glaube trug mich in meiner Krankheit, sondern ich musste auch noch meinen Glauben tragen« (Aussage einer weiteren Patientin).
Man hat die (endogene Form der) Depression zu Recht als »Losigkeits-Krankheit« bezeichnet: die oder der Kranke ist schlaflos, appetitlos, lustlos, kraftlos, willenlos, hoffnungslos, mutlos, freudlos – es ist als sei im Haus ihres/seines Lebens der Strom ausgefallen: eine innere Leere, eine Wüste, eine schwere Lähmung, eine tiefe Dunkelheit hat die Seele erfasst.
Es erscheint, als sei Gottes Segenskraft gänzlich gewichen. Der depressiv erkrankte Mensch ist innerlich, aber auch äußerlich sprachlos. Eine Gegenschöpfung hat stattgefunden: statt »es werde licht« heißt es »es werde finster« – und nichts ist mehr »sehr gut«. Mancher Patient fühlt sich wie »in der Hölle«, ein schreckliches »Gericht« wird vollzogen, die »Schuld« erscheint übergroß, wobei das Wort »Schuld« hier als ein (untauglicher) Erklärungsversuch für das elementare Nichtkönnen begriffen werden muss.
Wichtig für den begleitenden Seelsorger ist es, solche Äußerungen als

»krankheitsbedingt« zu verstehen – was selbstverständlich etwas anderes bedeutet als sie zu verharmlosen. Nicht selten begegnet ein genereller Glaubensverlust oder eine »emotionale Entleerung des Glaubens«.[7]
Patienten klagen darüber, dass sie »nicht mehr glauben können«, dass sie beim Beten »wie gegen eine Wand reden«, sie nur noch »mechanisch beten könnten«. Im Unterschied zu früher könnten sie »gar keine Freude mehr spüren«, »überhaupt keine Geborgenheit mehr erleben« und beim Bibellesen würden sie »nur auf Anklagen stoßen«. Immer wieder kommt zum Ausdruck, dass sie »unendlich darunter leiden, dass ihnen Gott so fern sei«.
Hilfreich erscheint es mir hier, das Erleben in möglichst genauer, bilderreicher, symbolischer Sprache zum Ausdruck zu bringen, und so Expression statt Depression zu fördern.
Gut ist es auch, gesunde Erlebnisanteile und verbliebene Handlungsmöglichkeiten positiv zu verstärken, um so dem depressiv Erkrankten in Erinnerung zu rufen, was noch oder schon wieder »geht«.
In der Seelsorge mit depressiv erkrankten Patienten, die nicht selten einen großen Liebeshunger und Anklammerungstendenzen zeigen, ist es ganz entscheidend, die eigene Person und das eigene Befinden nicht aus dem Auge zu verlieren und Unterschiede zu markieren. Wer mit einem schwermütigen Menschen zu tun hat, weiß um die Gefahr, im »depressiven Loch« zu versinken und völlig paralysiert zu werden.
Auch im Umgang mit Patienten in der manischen Phase sind immer wieder Grenzen bewusst zu setzen und einzuhalten, z. B. in Bezug auf den Zeitrahmen und auf persönliche Nähe, um sich und den Kranken vor sich selbst zu schützen. Dabei gilt es, hinter oftmals sehr euphorischem, lautem und umtriebigem Verhalten das verborgene Leiden des Patienten zu erspüren.
Zur Begleitung im Einzelnen:

2.1.1. Seelsorge als Sprachhilfe – Klage darf sein!

Depressiv erkrankte Menschen haben allen Grund zur Klage, und auch ein Recht zur Klage.
»Eines Menschen Gemüt hält eine Krankheit aus; aber ein niedergeschlagenes Gemüt – wer soll das ertragen?«, heißt es in den Sprüchen

7 Günter Hole, Glaube bei Depressiven, Stuttgart 1977

Salomos[8]. Manche Kranke wagen Gott gegenüber nicht zu klagen; sie sind erstaunt zu hören, dass Menschen der Bibel immer wieder zu Gott geklagt und gerufen haben – und dass dies erlaubt ist. In der Klage über das eigene Leiden Gott gegenüber, kommt auch etwas von der oftmals unterdrückten (de-primierten) Aggression zum Vorschein. Es erscheint mir ein Gewinn, wenn autoaggressive Impulse und ungerechtfertigte Selbstanklagen verwandelt und aufgehoben werden können in der Klage gegen und zu Gott.

Eine ganze Reihe Klagepsalmen sind dem Erleben eines Depressiven aus dem Herzen gesprochen. Indem ich einen solchen Psalm lese – oder frei zitiere – fühlt sich der Kranke verstanden. Gerade die erlebte Gottferne wird in diesen Psalmen angesprochen.

Der Kranke wird durch die Klage des Psalms freilich auch in einen Prozess verwickelt und auf einen Weg gelotst, der eine Wandlung und Veränderung zum Guten signalisiert: entlang der Struktur des Psalms von der Äußerung der Klage über die Erinnerung an früher erfahrene Hilfe zur Äußerung des Vertrauens, ja bis zum vorweggenommenen Dank für die erwartete Hilfe. Nicht dass der Kranke diese Stationen einfach mitgehen könnte, aber es eröffnet sich ihm möglicherweise doch eine (Segens-)Perspektive.

Nicht wenige biblische Geschichten signalisieren eine Wandlung vom Rückzug aus dem Leben wieder hinein ins Leben. Wegen ihrer symbolischen Dichte sind z.B. die Jona-Geschichte (Jona in der Tiefe des Meeres) oder Elia in der Wüste (1. Könige 19) für mich zu zentralen Geschichten geworden in der Begleitung depressiver Patienten. Beide Texte zeichnen einen Weg aus tiefer Depression und suizidaler Situation, aus Erschöpfung und Einengung heraus, zurück ins Leben. Dabei spielen ganz elementare natürliche Vorgänge wie Schlafen, Essen, Trinken, sich zurückziehen und wieder Hervorkommen, berührt werden und Angesprochenwerden eine wesentliche Rolle: in all dem wirkt Gottes Segen. Identifiziert sich der depressiv Erkrankte mit dem Be-

8 Spr 18,14, vgl. z.B. Otto Plöger, Sprüche Salomos (BK XVII), Neukirchen 1984, S. 208ff: S. 213: »Ein leiblicher Schmerz lässt sich tapfer ertragen: mit einer Gemütserkrankung fertig zu werden, wird weitaus schwieriger beurteilt.« In der Lutherübersetzung ist der Hintergrund der seelischen Erkrankung nicht so deutlich: »Wer ein mutiges Herz hat, weiß sich im Leiden zu halten, wenn aber der Mut darniederliegt, wer kann's tragen?«

ginn der Geschichte, kann er sich ihrem Fortgang und ihrer Dynamik, der darin aufleuchtenden infizierenden Hoffnung, nicht ganz entziehen.
Solche biblischen Wandlungssymbole sind auch für den Seelsorger selber Stoff für die Seele, um nicht selber im Strudel des depressiven Sogs in die Tiefe hinabgerissen zu werden oder völlig verstummen zu müssen.

2.1.2. Seelsorge als Stellvertretung – Entlastung durch das *»extra nos«*

In der Depression sterben die (positiven) Gefühle, die mit dem Glauben verknüpft sind, weitgehend ab: Freude, Trost, Zuversicht, Urvertrauen, Gefühl der Geborgenheit. Es gibt keinen emotionalen Anknüpfungspunkt mehr. Eine Form der Frömmigkeit, die stark auf eigene Gefühle und eigenes religiöses Erleben abhebt, ist daher eher belastend.
Befreiend empfinde ich, dass die Quelle christlicher Hoffnung und göttlichen Segens nicht in der eigenen Seelentiefe entdeckt werden muss, sondern dass sie uns zugesprochen wird: das Evangelium erklingt »extra nos«, es kommt von außen auf mich zu, es wird mir zugesprochen, und es gilt unabhängig von meiner psychischen Verfassung.
Depressive Patienten äußern häufig, »dass sie nicht mehr beten können« (s. o.). Sie aufzufordern, es dennoch zu tun oder zu probieren, würde ihre innere Not noch vergrößern. Gangbar erscheint mir ein anderer Weg: dem Kranken in seiner Notlage anzubieten, an seiner Stelle ein Gebet zu sprechen, stellvertretend für ihn seine Not und Wünsche auszusprechen. So kann ich dem Kranken vermitteln, dass auch er – trotz seiner behaupteten Gottesferne – nicht aus der Gemeinschaft mit Gott herausgefallen ist. Als Seelsorger weiß ich ihn in Gott geborgen. Auch das Versprechen des Seelsorgers, in der Fürbitte an den Patienten zu denken, kann für die oder den Erkrankten wichtig sein.
In der Geschichte von der Heilung des gelähmten Mannes (Depression ist eine seelische Lähmung) heißt es: »als Jesus *ihren* Glauben sah, sprach er zu dem Gelähmten …« (Mk 2,5). Ingrid Weber-Gast schreibt in ihrem autobiographischen Bericht[9] über ihre Depression: »Es war weniger mein Glaube als der Glaube anderer, die Fürbitte anderer, die eine Rolle gespielt haben auf dem Weg der Genesung.«

9 Siehe Literaturverzeichnis

2.1.3. … und die Musik

Sie bleibt ein Antidepressivum ersten Ranges. Freilich darf nichts forciert werden. Aber beim Abendsegen oder im Gottesdienst bemerke ich, wie auch vorher völlig verstummte Patientinnen mitsingen, und wie es ihnen offensichtlich auch gut tut. Stimme und Stimmung sind verschwistert, und mitsingen kann uns neu einstimmen. Aber auch das Hören ruhiger Musik (ich benütze viel solistische Stücke für Flöte, Gitarre, Laute etc.).

Jeder kennt den *»locus classicus«* biblischer Musiktherapie: »Wenn nun der dunkle Geist über Saul kam, nahm David die Laute und spielte; dann wurde es Saul leichter und besser, und der dunkle Geist wich von ihm« (1. Samuel 16, 23).

2.2. Seelsorge mit schizophren Erkrankten

Bezeichnend für eine psychotische Krise sind oftmals große innere Ängste, die zu Unruhe und Erregung führen können. Gegenstände und Menschen werden verändert wahrgenommen, sie erscheinen fremd und unheimlich oder faszinierend und geheimnisvoll. Alltägliche Dinge erhalten eine besondere Bedeutung oder fordern zu einem bestimmten – »ver-rückten« – Verhalten heraus. Die innere – seelische – Realität überlagert und färbt die äußere Realität in hohem Maß. Unbewusstes überschwemmt das Bewusstsein. Dadurch gerät der Psychosekranke in Spannung zu seiner Umwelt und ihrem Realitätsbegriff. Insofern tritt eine Art »Spaltung« ein.

Das eigene Ich droht im Chaos unterzugehen. Panik oder auch Erstarrung kann die Folge sein. Oftmals gelingt die Abgrenzung gegenüber anderen Personen nicht mehr: Wer bin ich? Wer ist der andere? Auf der einen Seite wird Eigenes abgespalten und als Fremdes erlebt (der Erkrankte fühlt sich beeinflusst, von »fremden Mächten gesteuert« oder »vom Teufel besetzt«, indem der eigene Schatten dämonisch verzerrt sozusagen von außen auf den Patienten zurückkommt). Auf der anderen Seite wird Fremdes als Eigenes erlebt: Meinungen, Ansichten, Worte anderer Menschen werden zu eigenen inneren Stimmen, die kritisieren, quälen und unter Umständen tödliche Konsequenzen haben, wenn die Stimme z. B. sagt: »Bring dich um, du musst dich umbringen!«.

Der schizophren erkrankte Patient fühlt sich in seiner psychotischen Identifikation vermengt mit allem und jedem, und er erlebt unter Umständen das Leid, das die täglichen Nachrichten berichten, als sein eigenes. Auf der anderen Seite ist das, was wir so einfach »Ich« nennen, für ihn ein sehr fragiles, fragwürdiges Phänomen.
Der drohende Identitätsverlust kann während eines psychotischen Schubes dadurch kompensiert werden, dass eine geliehene Identität, ein »Leih-Ich«, angenommen wird: der Patient meint Michael Jackson, der Prophet Jeremia, oder der »Allwissende und Allmächtige« zu sein – oder eben auch »Hitler« oder der »Teufel persönlich«.
Nicht selten erklären Patienten, »vom Satan besessen zu sein« oder unter dem Einfluss einer »dämonischen Macht« zu stehen – und verbinden damit häufig die Aussage, sie seien »verworfen«, »unheilbar« und »die Ärzte können nicht helfen«. Dahinter verbirgt sich eine große Not und möglicherweise das Gefühl, von Gott und Menschen im Stich gelassen zu sein. Das einzig Haltgebende ist offensichtlich nur noch negativ zu beschreiben.
Entscheidend erscheint mir, hier nicht eine theologische Diagnose in Richtung einer »Besessenheit« zu fällen und rituell-liturgisch (vielleicht gar mit einem regelrechten Exorzismus) darauf zu reagieren, sondern das Seelendrama zu entdramatisieren und den Patienten in seiner Grundbefindlichkeit zu verstehen. – Ohne seine Ansichten teilen zu müssen, kann ich versuchen zu verstehen, worunter er leidet, und kann ich ihm durch meine menschliche Präsenz zu verstehen geben, dass er nicht völlig einsam und preisgegeben ist.
Ich habe häufig erlebt, wie sich solche religiösen Identifikationen und »Symbolisierungen«, auch die Idee, von dämonischen Mächten besessen zu sein, innerhalb weniger Tage zurückbildeten, und das so bedrohlich »Dämonische« sein menschliches Maß zurück erhielt.
Freilich können keineswegs alle religiösen Äußerungen im Umfeld einer Psychose kurzweg als »religiöser Wahn« oder als »pathologisch« gewertet werden. Einmal ist grundsätzlich daran festzuhalten, dass auch im Kontext einer psychotischen Erkrankung ein vorhandener Glaube sich als tragend erweisen kann. Zum andern werten nicht wenige Patienten religiöse Erfahrungen im Umfeld ihrer Psychose als etwas für sie Kostbares, ja unter Umständen als eine Art von »Bekehrungserlebnis«.[10]

10 Vergleiche den sehr eindrücklichen autobiographischen Bericht von Sophie Zer-

Psychotisches Erleben lässt sich eben mitunter auch als eine spirituelle Krise verstehen, und in manchen Aspekten mit mystischen Erfahrungen vergleichen. Die darin aufscheinenden Inhalte gleichen Vexierbildern, die verschiedene Aspekte aufweisen und je nach Sichtweise bisher Ungesehenes zutage fördern: sie erscheinen einerseits »verrückt«, andererseits leuchtet in ihnen ein bisher unrealisiertes Leben auf.

Eine Frau in der Lebensmitte, die sich mit dem Gedankengut Jakob Lorbers befasst, beeindruckt durch die Aussage, sie sei »die weibliche Inkarnation des Christus«. Da Christus sich in Jesus, einem Mann, inkarniert habe, sei das Erlösungswerk unvollständig. Es bedürfe der Ergänzung, die jetzt durch sie geschehe. Diese grandiose Vorstellung erlebt sie freilich weniger erhebend, als vielmehr belastend – ihre zerbrechliche Gestalt scheint beinahe unter der Last der Verantwortung zusammenzubrechen.

Eine andere Patientin erzählt mir von ihrem Auftrag, Gott von seinem Sadismus zu heilen. Denn dass Gott sadistisch sei, scheint ihr hinreichend belegt durch Katastrophen und unheilbare Krankheiten, z.B. ihrer eigenen Freundinnen, von denen eine Multiple Sklerose, die andere Kinderlähmung und nun auch Krebs hat. Die Patientin hat auch eine Erklärung für Gottes Sadismus: Gott wollte die Freude, die er an seiner Schöpfung empfand, mit jemandem teilen. So entstand der Mensch: das Schönste, was Gott schuf, war Eva, und er verliebte sich prompt in sie. Eva aber wies Gott zurück. Der ungeliebte Gott wurde nun die Quelle allen Leidens. Immer wieder versuchten Frauen im Lauf der Menschheitsgeschichte Gott zu lieben und zu versöhnen, keiner aber ist es bisher geglückt. Gott aber hat Hilfe bitter nötig.

Man wird sich der inneren »Logik« und Überzeugungskraft solcher »wahnhaften« privaten Mythologien nicht ganz entziehen können: ist doch die weibliche Seite in unserem Gottesbild tatsächlich »unterbelichtet« oder wurde doch lange Zeit im Schatten gehalten. Wichtig erscheint mir, sich bei solchen Schilderungen nicht an der »Unmöglichkeit« des äußeren Szenarios aufzuhalten. Die Kranke erzählt ihre Vorstellungen nicht, um sich damit hervorzutun, sondern um mir als Seelsorger einen Schlüssel zu ihrer Seele anzubieten. So scheint es mir sinnvoll, die Sehnsucht und schmerzlichen Erfahrungen, die in solchen

---

chin: Auf der Spur des Morgensterns, München 1990, sowie Anton Boisen, The exploration of the inner world, Philadelphia 1971

Gedanken zutage treten, zu entschlüsseln: die Sehnsucht nach eigenem Ganzsein, nach einem befreiten Frausein, nach religiöser Beheimatung. Auch die zugrunde liegenden Mangelerfahrungen sind heraus zu spüren: die fehlende Partner- beziehungsweise Vaterliebe (Die Patientin hat ihren Vater nicht gekannt. Er starb als Soldat im Zweiten Weltkrieg).

Im psychotischen Krankheitsgeschehen konstellieren sich neben bizarren Geschichten auch Selbstheilungs- und Segenskräfte, die vom Seelsorger wahrgenommen und aufgegriffen sein wollen, und die im gemeinsamen Gespräch mit dem Patienten benannt und gefördert werden können.

Manchmal brechen religiöse Fragen bei Patienten auf, die überhaupt keine religiöse Erziehung genossen haben. Nicht wenige Patientinnen und Patienten suchen dann bei religiösen Sondergemeinschaften Hilfe. Das Versprechen religiöser Sondergemeinschaften, das endgültige Heil durch die Mitgliedschaft in der Gruppe zu garantieren, spricht nicht wenige an. Schwarz-Weiß-Malerei kommt dem durch die Krankheit verstärkten »spaltenden« Denken entgegen. Die intrapsychisch erlebte Apokalypse lässt nach einer rettenden Arche Ausschau halten. Der Wunsch nach Lebensveränderung macht ansprechbar für »Bekehrungsversuche«. Dies macht nicht wenige psychisch erkrankte Menschen für Sekten anfällig.

Statt eine »Instant-Religion«, ein abgeschlossenes, fertiges System zu verabreichen, scheint es mir angezeigt, die Kranken in ihrer eigenen Suche behutsam, geduldig und verstehend zu begleiten: auf leise Töne zu achten und die bisherige Biographie mit einzubeziehen. Immer wieder zeigen mir Patienten selbst verfasste Texte oder Zeichnungen, die eine Brücke fürs Gespräch bilden, und oftmals Zugang zu Tieferem gewähren.

Ferner versuche ich stets im Blick zu behalten, wo religiöses Gedankengut möglicherweise selber pathologisierend wirkt, also z.B. eine sehr lebensverneinende und lebens- und leibfeindliche Moral oder ein religiös gestütztes Perfektionsideal. Dies will ich nicht auch noch verstärken und unterstützen. Demgegenüber versuche ich in der Seelsorge einen barmherzigen Umgang mit sich selber und anderen zu vermitteln und die Rechtfertigungslehre bewusst durchzubuchstabieren in Richtung auf eine *Theologie der Unvollkommenheit.*

Begleitung im Einzelnen:

2.2.1. Möglichst angstfreien Kontakt herstellen – Verletzlichkeit beachten

»Seelsorge ist eine Befreiungsaktion, das bedeutet gewiss Hilfe für den Menschen, ... den Bann seiner Ängste abzubauen, die Mauern seiner Isolation zu durchstoßen ...« (Josuttis), aber, so füge ich hinzu – ihm auch Rückzugsmöglichkeiten offen zu lassen, wenn er sie braucht.
Aufgrund der großen Selbstunsicherheit und der starken Gefühlsambivalenz (das heißt z.B. schnell umkippende Gefühle von Freundlichkeit in Wut und Ablehnung) ist die Kontaktaufnahme mit schizophren erkrankten Patienten sehr sensibel zu gestalten – und nicht selten ein Abenteuer.
Es gilt ein hohes Maß an Verletzlichkeit und tatsächlichen Verletzungen in Rechnung zu stellen. Es kann leicht passieren, dass man »ins Fettnäpfchen tritt«. Als Grundstimmung begegnet nicht selten Misstrauen beziehungsweise ein Rückzug auf sich selber im Sinne eines mehr oder weniger starken Autismus. Es geht darum, »durch den vordergründigen Nebel der Psychose zum Menschen zu gelangen, zu fühlen, zu spüren, was ihn eigentlich ausmacht, vor was er Angst hat, was und wen er liebt, zu welchen Menschen er Beziehungen hat ...«[11]

2.2.2. Nähe dosieren

Es ist die Balance zu beachten zwischen zu großer Nähe und kühler Distanz. Nicht selten führte große menschliche Nähe (z.B. die Erfahrung des Verliebtseins) zum Ausbruch einer Psychose. Zu große und intensive emotionale Nähe ist ähnlich wie aggressives und herabsetzendes Verhalten nicht gut. Es ist besser, in »mittlerer Distanz« Kontakt zu halten als in zu großer gefühlsmäßiger Nähe.
Wenn ich mich nachmittags im Stationszimmer einer der beschützenden Stationen aufhalte, werde ich z.B. zu einer Tasse Kaffee eingeladen: Patienten gebrauchen meine Präsenz, um persönliche Dinge anzusprechen, indem sie sich dazusetzen, vielleicht nach einer Weile aber auch wieder ins Raucher- oder Patientenzimmer zurückziehen, möglicherweise nach einer Weile wiederkommen, um noch etwas anzufügen. Auch ein gemeinsamer Spaziergang im Park der Klinik oder kleiner Ausflug in die Stadt ist deshalb nicht so belastend, weil nicht »geredet« werden muss.

---

11 Luc Ciompi, Affektlogik, Stuttgart 1982

2.2.3. Unkommentiert zuhören können: Große Ohren, große Toleranz

Der Kranke hat Dinge erlebt, die ich nicht kenne. Ich kann da nicht so einfach mitreden. Was sie oder er mir mitteilt, auch wenn es verrückt klingt, sind oftmals kostbare, intime Erfahrungen, Traumsprache, Seelensprache. Über wahnhafte Vorstellungen kann und möchte ich nicht diskutieren, ich kann sie auch nicht ausreden, aber ich kann meine Sensoren ausfahren, um herauszufinden, welche Gefühlsqualität sich hinter dem Gesagten verbirgt (Angst, Trauer, Wut, Ärger, Sehnsucht). Verstehe ich das Evangelium recht, so gewährt es nicht nur dem Fremden, sondern auch fremdartigen Gedanken Gastrecht.

2.2.4. Klarheit

»Eure Rede sei Ja, ja und nein, nein« (Mt 5,37) – »Christus Jesus war nicht Ja und Nein, sondern in ihm ist ein uneingeschränktes Ja Wirklichkeit geworden« (2. Kor 1,19)

Der von chaotischen Gefühlen oder Gedanken heimgesuchte Patient braucht Menschen, die klar, eindeutig, offen und ehrlich sprechen und es auch sind. Unklares Sprechen und widersprüchliches Verhalten wirkt verwirrend. Als Richtschnur für Gottesdienste, Predigten u. ä. ist zu beachten, dass diese nicht zu vielschichtig und kompliziert sind.

2.2.5. Mithelfen, »Ich« sagen zu lernen

»Ich aber sage euch …« (Mt 5) Das autoritative Ich-Sagen Jesu ist zwar etwas Unvergleichliches, dennoch bedeutet es eine Ermutigung, selber »ich« zu sagen. Mancher an »Schizophrenie« erkrankte Mensch muss erst entdecken, wer er ist, was zu ihm gehört, und er kann darin eine Nachreifung erfahren. So geht es in der seelsorgerischen Beziehung mit diesen Kranken immer auch um eine Stützung ihres Selbstbewusstseins und des Wertes ihrer eigenen Person.

2.2.6. Auf die Stärken achten, die gesunden Anteile betonen

Das gilt sicherlich für jede Seelsorge mit Patienten, im besonderen Maß aber für die Personengruppe der schizophren Erkrankten. Nicht die Krankheit, sondern der Mitmensch und die Begegnung mit ihm steht im Mittelpunkt.

Manchmal geht es darum, zusammen mit dem Patienten »Sinninseln« in seinem Leben aufzuspüren: Situationen, Tätigkeiten, Erfahrungen, die ihn beglücken, die ihm ein gutes Gefühl vermitteln. Oftmals geht es darum, nach dem Einbruch, den die Erkrankung darstellt, ganz neu und vorsichtig das Leben neu zu planen und Perspektiven zu erschließen.

An dieser Stelle ist es sicher hilfreich, wenn der Seelsorger im Gespräch mit dem therapeutischen Team ist und zum Beispiel die Trennung von zu Hause und den Schritt in eine betreute Wohngemeinschaft – mit dem sich dabei vollziehenden Abschied und Neubeginn – auf seine Weise mit begleitet. Bei Rückschlägen und erneuter Klinikeinweisung (ein häufiger Vorgang) möchte ich mithelfen, dass sich beim Patienten keine Versagensgefühle einstellen – als Seelsorger bin ich Anwalt der Geduld und eines langen Atems.

2.2.7. Mit Symbolen richtig umgehen

Durch die schizophrene Erkrankung ist die Symbolisierungsfunktion des Patienten oft beeinträchtigt: der Kranke verwendet und versteht das Symbol »konkretistisch« – es wird ganz konkret verstanden und verliert seine verweisende, übertragene Bedeutung: Plötzlich wird der »Weg zum Himmel« in einer Autobahn gesehen, das »Feuer des Heiligen Geistes« lässt sich mit Streichhölzern entfachen, »brennende Liebe« wird als körperlich verletzend halluziniert. So werden Symbole beim Wort genommen, andererseits kann ihr religiöser Gehalt aber verloren gehen.

Beim Einsatz von Bildern und Bildworten (vor allem mit negativem Inhalt) ist dies zu beachten. Andererseits treffe ich unter schizophren erkrankten Patienten immer wieder Menschen an, die gerne mit Worten spielen und Sprachspiele mögen.

3. Segen erfahren in der Gruppe

3.1. Gottesdienst mit Gespräch als Chance der Seelsorge

In dem vielfältig genutzten Raum im zweiten Obergeschoss der Klinik schiebe ich sonntags den schlichten hölzernen Altartisch vor die drei bunt verglasten Bogenfenster und stelle die Stühle – den Altar einbeziehend – zum Kreis. Ein bis zwei Dutzend Besucher finden auf ihnen

Platz. Unter den Gottesdienstbesuchern sind öfter auch ehemalige Patientinnen und Patienten oder Angehörige. Eine Studentin, manchmal auch ein Patient, begleitet die Lieder auf dem Klavier und spielt zu Beginn.

Vor dem Gottesdienst begrüße ich die Patienten persönlich, sofern ich sie nicht schon auf der Station getroffen habe (öfter bitten Patienten darum, von mir von der Station abgeholt zu werden). Den mir unbekannten Gottesdienstbesuchern stelle ich mich vor. Manche Patienten kenne ich von früheren Aufenthalten.

Während des Gottesdienstes sitze ich als ein Teilnehmer im Kreis. Obgleich ich die kurze Predigt schriftlich ausgearbeitet habe, halte ich sie in der Regel frei, um im direkten Kontakt mit den Patienten zu sein. Dies führt dazu, dass sie sich auch selbst mit Fragen und Beiträgen in die »Predigt« einschalten, so dass wir gemeinsam Erfahrungen und Gedanken beitragen, und sich so eine Auslegung des Textes im Gespräch ergibt.

Eine andere Möglichkeit, die ich auch öfter praktiziere, ist, direkt nach der Verlesung des Evangeliums das Gespräch zu eröffnen, d.h. den Patienten Raum zu geben, auf den Bibeltext unmittelbar zu reagieren mit Fragen, Anmerkungen, Beobachtungen und Deutungen. Als Gesprächsteilnehmer lasse ich dann Gedanken aus meiner Predigtvorbereitung mit einfließen, wobei ich auch die Erfahrung gemacht habe, dass sich durch die Patientenäußerungen ganz neue Gesichts- und Schwerpunkte ergeben können.

Da die Patienten freilich sowohl von ihrer Persönlichkeit wie von ihrer augenblicklichen psychischen Dynamik her oft recht unterschiedlich sind, ist es für mich als Seelsorger wichtig, das Gespräch zu steuern. Andernfalls ist die Gefahr groß, dass sich einzelne Patienten sehr hervortun, dass abseitige Gedanken zu großen Raum gewinnen, dass zu belastende Dinge hereingetragen werden etc. Konkurrenzdenken, Neid, Unterlegenheits- oder Überlegenheitsgefühlen darf nicht Vorschub geleistet werden. Der Gottesdienst ist auch kein Podium, um einen manischen Kräfteüberschuss voll auszuleben. Für ängstliche oder depressive Patienten ist es wichtig zu wissen und zu spüren, dass der Seelsorger die Fäden in der Hand hat.

Bei sehr selbstunsicheren Patienten mit einer ängstlich-psychotischen Gefühlslage kann es schon mal zu einer Übersprungshandlung kommen: *Eine jüngere Patientin (Frau A.) liest auf meine Bitte hin das*

Evangelium (sie liest sehr schön!) – eine ihr schräg gegenübersitzende Patientin (Frau B.) grinst (verächtlich?) als sie fertig ist. Die Lesende fasst dies als Affront auf, steht auf, und gibt der anderen Patientin eine Ohrfeige.

Solche Vorfälle sind freilich meiner langjährigen Erfahrung nach höchst selten, aber nicht ganz auszuschließen. Wichtig scheint mir, dass solche Vorgänge richtig kommentiert und aufgefangen werden. In diesem Fall wurde Frau A. von einem zufällig anwesenden Pfleger auf ihre Station zurückgeleitet, und ich habe sie im Anschluss an den Gottesdienst besucht. Den Anwesenden und Frau B., die ziemlich erschrocken war, habe ich erklärt, dass es Frau A. heute nicht sehr gut gehe, und sie aus einer inneren Gefühlslage so gehandelt habe. Dann wurde der Gottesdienst fortgesetzt.

Die Beteiligung von Patienten schließt ein gewisses Risiko mit ein, dass ein Patient auf Grund seiner augenblicklichen Verfassung unvorhersehbar reagiert. Doch dies ist wie gesagt, selten. Viel häufiger ist zu beobachten, dass die Teilnehmerinnen und Teilnehmer des Gottesdienstes sehr sensibel und gut aufeinander eingehen und sich gegenseitig stützen. Diese Solidarität der Betroffenen erlebe ich als etwas ganz Kostbares und immer neu als ein Geschenk. Es ist der Gewinn einer Mitbeteiligung von Patienten. Die Gottesdienste in der Psychiatrie sind nicht perfekt, aber die Teilnehmenden sind sehr präsent.

Da der Spannungsbogen und die Aufnahmefähigkeit einiger Patienten nicht groß ist, erscheint es mir angebracht, sich auf *einen* Bibeltext zu konzentrieren (das heißt, die Lesung wegzulassen). Dieser wird von einer Patientin oder einem Patienten in einer gut verständlichen Übersetzung vorgelesen – oder aber dicht am Text von mir frei erzählt.

Gute Erfahrungen habe ich damit gemacht, die Gottesdienstteilnehmer z.B. bei Lesungen, beim Austeilen des Abendmahles, bei zeichenhaften Handlungen mit zu beteiligen. Auch die Fürbitten können von den Teilnehmerinnen und Teilnehmern selbst vorgebracht werden. Dazwischen singen wir zum Beispiel »Herr, erbarme dich« (EG 178.11).

Die Feier des Abendmahls findet in der Regel in jedem Gottesdienst statt. Ich straffe die Liturgie: Einsetzungsworte und Beichtstrophe (z.B. Lied EG 589/Regionalteil Württemberg: »Meine engen Grenzen«). Beim Segen stehen wir im Kreis und reichen uns die Hände.

Wenn wir genügend frische Blumen auf dem Altar haben, darf jeder eine davon mitnehmen. Oder alle bekommen ein Bild, das ich zum

Text passend ausgewählt habe. Gerne verwende ich auch sichtbare Zeichen, die an die Botschaft des Predigttextes erinnern.

3.1.1. Bausteine

Was mich bedrückt« – »Was mir auf dem Herzen liegt«

In einem großen Weidenkorb befinden sich eine Reihe großer Kieselsteine. Jede(r) sucht sich einen aus und schreibt darauf mit Filzstift einen Stoßseufzer an Gott. Die beschrifteten Steine werden um das Kreuz auf den Altar gelegt.

»Wofür ich danken möchte«

Im Herbst große bunte (Platanen-)Blätter beschriften – oder sonst rundgeschnittene Papiere, die beschriftet nebeneinandergelegt eine Blume oder einen Blumenteppich ergeben.

Die eigene Unruhe oder die eingetretene »Besserung« in Worten auszudrücken und an Gott zu adressieren, ist für manche gehemmte Patienten ein ganz wichtiger, als befreiend empfundener Schritt.

»Ich bin nichts wert. Ich bin ein niemand«

Nicht wenige Psychiatriepatienten erfahren sich nach diesem Motto. Eine junge Patientin sieht sich selber nicht, wenn sie in den Spiegel schaut. Wo ein Mensch so »verschwindet«, oder die eigenen Kräfte bei depressiver Symptomatik so gering eingeschätzt werden, erhalten die Gleichnisse Jesu vom verborgenen Beginn des Reiches Gottes eine neue Brisanz.

So enthält z.B. das *»Gleichnis vom Senfkorn«* (Mk 4,30ff.) eine Verheißung, dass aus etwas, was völlig verschwindet, blühendes Leben entstehen kann. Um die Winzigkeit des Senfkorns vor Augen zu führen, klebe ich neben den auf ein buntes kleines Blatt kopierten Bibeltext mit Tesafilm ein Senfkorn auf.

Das Wort vom *»Weizenkorn«* kann dadurch erschlossen und meditiert werden, dass jeder Gottesdienstteilnehmer zunächst ein hartes Weizenkorn in die Hand bekommt – und danach ein angekeimtes, bereits sprossendes Korn. Dazu lasse ich vor dem Gottesdienst ein paar Tage lang Körner in einer Untertasse mit Wasser ankeimen. Zusätzlich zu einer christologisch bezogenen Auslegung, komme ich dabei auch auf die *Empfindsamkeit*, Verletzlichkeit, Dünnhäutigkeit zu sprechen, die viele Patienten von sich selber kennen – und die es ihnen unter Umständen schwer macht, der »Härte« des Lebens gewachsen zu sein. Aber gerade auch darin liegen Chancen: was will jetzt in mir keimen?

Woher beziehe ich Kraft? Was stärkt mich? Was sind meine Ressourcen?
Trotz oftmals schwieriger Sozialisation kann meist jeder Patient auch gute Einflüsse nennen (vielleicht eine Großmutter, die Wichtiges vermittelt hat). Den täglichen Anforderungen gerecht zu werden, erscheint häufig als schwer. Liegt aber nicht auch darin eine Kraft? Und dann gibt es immer wieder Unterbrechungen, kleine Feste, Gelegenheiten zum Feiern, wie jetzt im Gottesdienst.
Verschiedene Brotsorten stehen für unterschiedliche Aspekte: Schwarzbrot für den Alltag, süßes Gebäck für Freude und Glück, Knäckebrot für harte Zeiten, Hefezopf für die Großeltern-Welt und die Tradition, Türkisches Fladenbrot für Fremdes und für Menschen anderer Kultur, Kuchen für Feste und Ähnliches. Die Backwaren werden nacheinander von den Teilnehmerinnen und Teilnehmern in die Mitte beziehungsweise auf den Altartisch gelegt. Dazu sage ich oder auch ein Teilnehmer ein deutendes Wort und füge einen Wunsch oder eine Bitte an. Ich schließe die Bitte ab mit der Aufforderung: »Wir danken Gott – und stärken uns mit diesem Brot«. Darauf geht das jeweilige Gebäck in die Runde und jeder nimmt sich ein kleines Stück.
Dieser *Brotsegen* kann z.B. am Erntedankfest, aber auch sonst im Kirchenjahr gefeiert werden – als ein Stück »stärkende« Feier des Lebens.

»Ich hab eine Schwäche für ...«
Ich habe eine Schwäche für Gedrucktes, für Buchstaben, für Bücher. Manche haben eine Schwäche für Süßes, für Gestricktes, für ausgefallene Kleidung, für altes Gerümpel oder für Comics. Diese Art von Schwäche macht uns anfällig für etwas, macht uns zugänglich, offen. – Wir können auch eine Schwäche haben für einen anderen Menschen. Wir sind dann nicht stark und objektiv, sondern »ganz schön hineinverwickelt«. Gerade das, was mich schwach macht, worin ich anfällig bin, gerade darin kann ich in Verbindung treten.
Der Apostel Paulus hat eine *Schwäche für Christus.* »Meine Schwäche«, sagt er, »bringt mich in Verbindung mit Christus. Ich spüre, wie mir Kraft zuwächst« (2. Kor 12,9).

»Ein bisschen Geduld, lieber Gott ...«

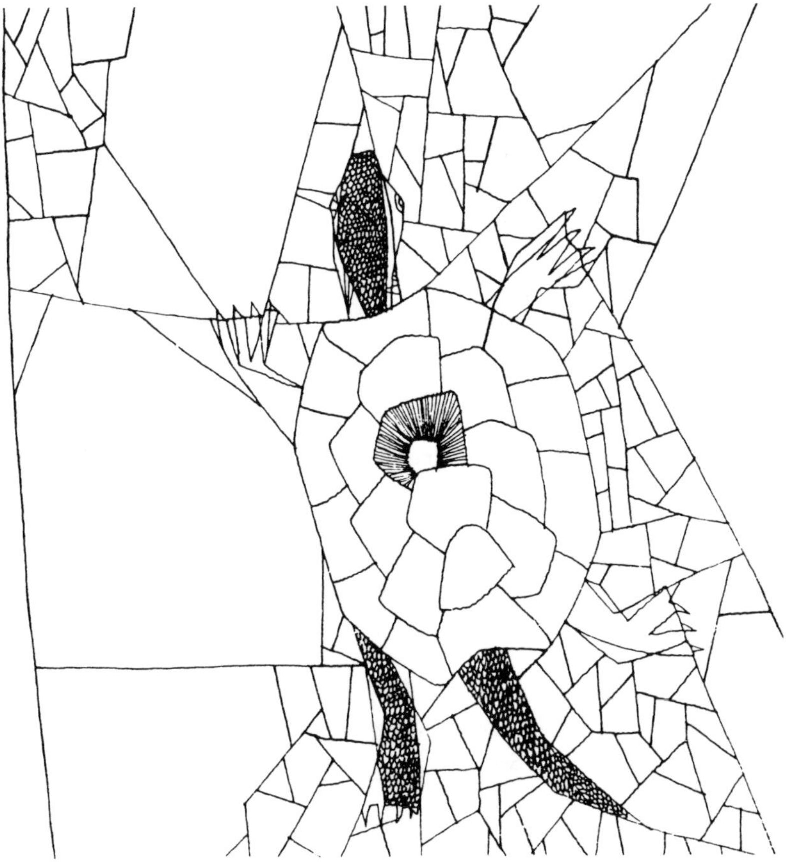

Noch immer stellen für mich die »Gebete aus der Arche« von Carmen Bernos de Gasztold[12] eine Fundgrube gerade auch für die Situation und Gefühlslage von Patienten dar. Zum Beispiel das Gebet der Schildkröte:

> Ein bisschen Geduld, lieber Gott, ich komme schon!
> Man muss seine Natur nehmen, wie sie ist!

---

12 aus: Carmen Bernos de Gasztold, Gebete aus der Arche, alle deutschsprachigen Rechte by © Matthias-Grünewald-Verlag, Mainz ^{3}1998

Nicht ich habe sie gemacht!
Ich möchte keineswegs dies Haus auf meinem Rücken kritisieren:
Es hat sein Gutes.
Aber gib zu, Herr: Es ist reichlich schwer zu tragen!
Nun ja, lass diesen Panzer und mein Herz
– die doppelte Klausur –
für Dich nicht ganz und gar verschlossen sein. Amen.

Was ich mir wünsche? Dreierlei:
- ein wenig Offenheit für Gottes Güte
- »Erdhaftigkeit« (= *»humilitas«*), das heißt, Mut zu mir selber zu stehen und zu meiner »Natur«
- Geduld und Mut zur Langsamkeit

Was wachsen will braucht Zeit. Genesung braucht Zeit. Wer hier wüsste das nicht?
Manchmal möchte einem die Geduld ausgehen und man wird sehr ungeduldig.
Das Buch »Die Entdeckung der Langsamkeit«[13] von Sten Nadolny beginnt mit dem Satz:
»John Franklin war schon zehn Jahre alt und noch immer so langsam, dass er keinen Ball fangen konnte«. Dieser langsame Junge wird durch die Gabe und das Training einer umso genaueren Beobachtung zu einem berühmten Pionier der Polarforschung. Seine Bedächtigkeit erweist sich in vielen Lebenssituationen als lebensrettend – für ihn selber und andere Menschen. Seine Behinderung wird zur Stärke.

3.2. Bildmeditation am Abend (Abendsegen)

Die psychiatrische Klinik bietet mit Werk- und Ergotherapie, Bewegungs- und Reittherapie, gemeinsamen Unternehmungen in die Stadt (»Außenaktivität«) viele aktivierende Angebote. Auch auf den Stationen geht es oft laut und umtriebig zu. Mancher Patient sehnt sich nach einem Ort der Stille, um zur Ruhe zu kommen.
Deshalb biete ich an einem Abend mitten in der Woche eine Zeit der Stille an (z.B. mittwochs 18.30–19.00 Uhr, also nach dem Abendessen).

13 Sten Nadolny, Die Entdeckung der Langsamkeit, München 1987

Im Winterhalbjahr, wenn es um diese Zeit schon dunkel oder dämmerig ist, zeige ich in der Regel ein Dia, das wir gemeinsam betrachten, oder ein Symbol, einen frischen Blumenstrauß oder Tücher in der Mitte. Wir sitzen im Kreis beziehungsweise Halbkreis wenn ein Dia gezeigt wird. Wenn die Patientinnen eintreffen ist der Raum bereits hergerichtet: die brennenden Kerzen und die meditative Musik schaffen von vornherein eine Atmosphäre der Stille.

Meditative Musik zum Stillwerden (Flöte, Laute, nicht zu große Orchestrierung – wohltuend wirkt durchaus auch alte und klassische Musik).

Konzentration, Anleitung zum bewussten Atmen
»Mein Atem ist Lebensatem aus Gott. Ich atme ruhig aus und ein. Und dabei kann ich im Stillen sprechen.
Beim Ausatmen: ›Gott befreie mich‹ und beim Einatmen: ›Gott erfülle mich‹«.

und/oder: Gebet zur Sammlung (siehe auch Abendgebete im EG)

Gott,
seid du jetzt gegenwärtig
und erfülle mich
mit deinem Licht und deiner Kraft!
Am Tag warst du mir oftmals fern
und ich leide,
wenn du dich mir verbirgst,
und ich mich so verlassen fühle.
Komm, o Gott,
und erhelle die Nacht,
vertreibe die Schatten der Angst,
schenke mir Frieden. Amen.

Betrachtung eines Bildes (oder eines Gegenstandes)
- Biblische Symbole:
  Weg, Tür, Brot, Wasser, Licht, Salz, Wüste, Quelle, Kreuz, Speisung in der Wüste (Ex 16, 1.Kön 19)
- Naturbilder:
  Wachsen, Blühen, Reifen (Stadien des Reifens: Löwenzahn), Ernten,

Sturm, Widerstände überwinden, Brachzeiten aushalten, mit Brüchen leben
- »Archetypische Geschichten« zum Thema »Bewahrung im Chaos der Angst«:
Noah (Gen 8) – Jona – Elia – Sturmstillung (Mk 4)

Ich benütze häufig selbst fotografierte Dias oder auch Kunst-Dias beziehungsweise Fotokarten oder Fotokopien. Als Quellen haben sich z.B. bewährt: Jörg Zink: Diabücherei, Leipziger Karten (Thomas Verlag Leipzig) oder Eschbacher Bild- und Textkarten, Bildmaterial in den verschiedenen Ausgaben des EG.

Die Teilnehmerinnen und Teilnehmer betrachten das Bild, die Karte zunächst in der Stille. Dann werden Empfindungen, Gefühle, Beobachtungen, Fragen, Einfälle, Entdeckungen miteinander geteilt: Auch ich lasse meine Entdeckungen mit einfließen.

Meditative Musik (Bild noch stehen lassen)

Gebet und Segen

3.2.1. Bausteine

Marc Chagall – Noah mit dem Regenbogen

Es fällt auf, wie viel Raum da ist – wie viel Platz auf dem Bild frei bleibt: ein weiter Raum!

Zum andern fällt auf: das ist ein Kreis – ein Lebenskreis, ein Segenskreis! Noah ist eingebettet in eine gute Lebensordnung.

Und was tut dieser Noah? Nichts! Er schläft! Er schläft in friedlicher Ruhe an einen Baumstamm gelehnt. Er wirkt entspannt, gelöst – nicht wie einer, dem die Angst vor dem Morgen oder die Enttäuschung über das Gestern ins Gesicht geschrieben ist.

Dabei hat Noah schwere Tage und Wochen hinter sich – gefangen im Kasten, hinter geschlossener Tür, eingeengt in seiner Bewegungsfreiheit, aufs Warten verwiesen. Sein Leben stand auf der Kippe – er hatte in Abgründe gesehen und die Angst kennen gelernt.

Ist es der Schlaf der Erschöpfung, der ihn umfängt? Oder Genesungsschlaf? Wie gut, wenn der Schlaf kommt nach Unruhe und Aufregung! Noah kann auch Schweres und Unerklärliches einfügen in diese »runde Sache« des Bewahrtseins in Gott. Noah ruht nicht nur in sich selber, sondern in dem, der ihm nun Ruhe schenkt.

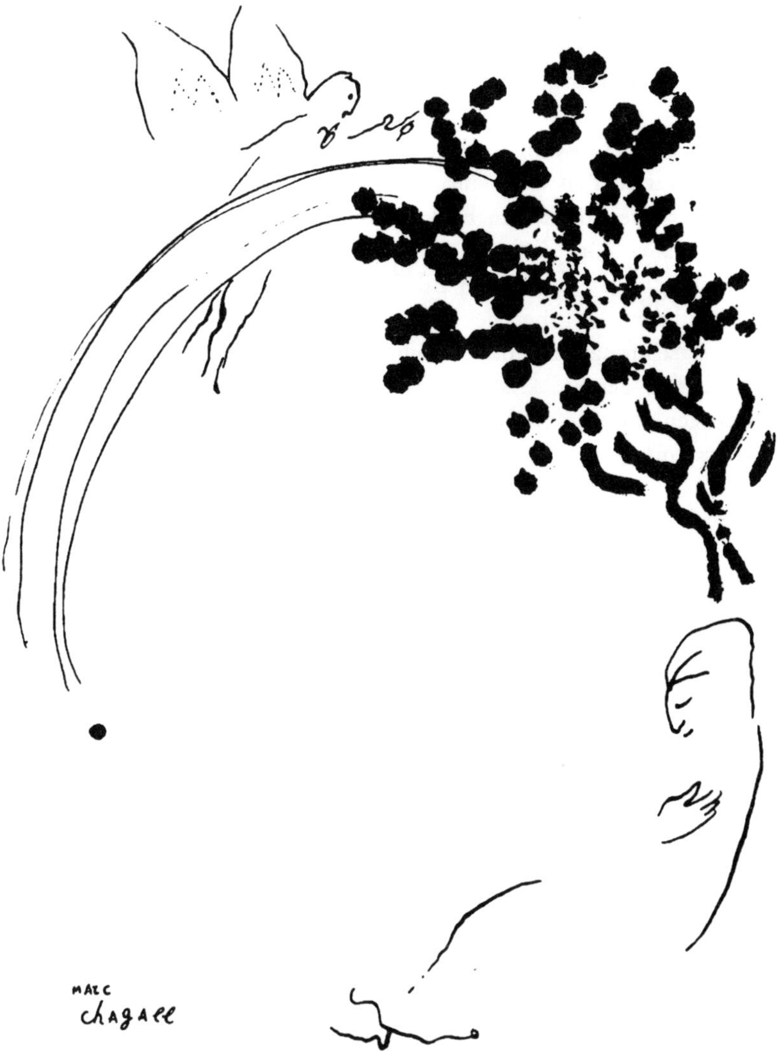

Und über ihm wächst und blüht der Baum des Lebens. Chagall greift hier zum Pinsel: nicht sparsam mit spitzer Feder, sondern kräftig und schwungvoll zeichnet er die Fülle des Lebens. Darüber wölbt sich der Regenbogen, Zeichen der Zusage Gottes. Die bunten Farben des Lichtes stehen über unserem Leben. Und der Engel unterstreicht Gottes Treueversprechen.

Und der schwarze Punkt links unten? Ein Versehen? Ein Tintenklecks?
– Nein: Chagall setzt einen Punkt: so ist es Punktum!
Theresa de Jesus sagt es ganz ähnlich: Basta!

Nichts soll dich ängsten,
nichts soll dich quälen,
wer sich an Gott hält,
dem wird nichts fehlen.

Nada te turbe, nada te espante,
solo Dios. Basta!

Marc Chagall hat neben seiner Signatur noch Platz gelassen im Segenskreis. Platz genug, dass jeder seinen eigenen Namen hier eintragen kann. Und damit sage ich: ich gehöre hinein in diesen Segenskreis von Gottes Güte.

Beispiel für ein Gebet zum Abschluss

Guter Gott,
der Tag verabschiedet sich,
die Nacht kommt,
Helles und Dunkles wechseln sich ab,
Tätigsein und Ausruhen.

Wie in eine große Schale
legen wir alles, was heute geschah
in deine Hand –
verwandle du, was uns quält,
schau du an, was uns gelang.

Wir bitten dich für die Menschen,
die wir lieb haben
und für die Menschen,
mit denen wir Schwierigkeiten haben,
du erträgst uns ja alle mit deinem Erbarmen.

Roland Peter Litzenburger – Jona im Leib des Fisches

Was sehen wir? Ein Gewirr von Linien! Wo ist eigentlich oben und unten? Alles durcheinander. – Ah! da ist der Name des Künstlers, also gehört das Blatt so herum.
Ein Geflecht von Linien, wie Flechten – und da mitten drin: ein

Menschlein – wie ein Vogel im Nest! Ganz zusammengekauert! Wie ein ungeborenes Kind im Mutterleib!
Das ist doch ein Fisch! – Man sieht einen Mund, ein Auge! Jona im Leib des Fisches. Eingeschlossen in der Enge, im Dunkel. Er betet. Er hat die Augen geschlossen, er sieht ja nicht viel, er schaut nach innen, spricht in seinem Inneren, redet, ruft zu Gott. Er seufzt – und bittet um Hilfe.
Er braucht Hilfe – allein schafft er es hier nicht heraus. Aber in Panik gerät er nicht. Er wird wieder ans Land kommen, festen Boden unter

die Füße bekommen. Der Fisch ist hier kein Ungeheuer, sondern wirklich wie ein Mutterleib, ein Uterus, in dem das ungeborene Kind heranwächst, geschützt ist, Kraft gewinnt: bald wird sich der Muttermund öffnen und Jona neu zum Leben geboren werden.
Im Augenblick aber braucht er noch Zeit, und es ist noch nicht so weit – aber die Zeit wird kommen.

> In meiner Not, Gott,
> aus der Tiefe,
> aus dem Schoß der Unterwelt
> rief ich zu dir.
> Da hast du mich gehört.
> Schon hatte ich gedacht,
> es sei aus mit mir:
> bis zum Hals stand mir das Wasser.
> Alles ging drunter und drüber
> und meine Seele war
> in großer Angst.
> Da aber dachte ich an dich –
> du wirst mir helfen,
> du, Gott meines Lebens.
>
> Stelle meine Füße wieder auf festen Grund,
> führe mich aus Enge und Angst
> in die Weite: so will ich lachen und dich loben.
> *(nach Jona 2)*

3.3. Gesprächsrunde mit älteren Patienten

Im Rahmen einer tagesklinischen Behandlung von älteren Frauen und Männern mache ich monatlich einmal das Angebot einer offenen Gesprächsrunde, zu der in der Regel alle Patientinnen und Patienten (20 Personen) kommen. Die Patienten sind entweder zur Nachbehandlung in der Tagesklinik oder zur vorübergehenden stützenden und flankierenden Maßnahme. Sie wohnen zuhause in ihrer eigenen Wohnung. Die Behandlung erstreckt sich in der Regel über mehrere Wochen, teilweise auch über Monate, so dass ich die Patienten möglicherweise öfter antreffe.

Mit meinem Gesprächsangebot geht es mir einmal um eine *elementare Unterbrechung* des oftmals um die Krankheit kreisenden Denkens durch einen Impuls von außen (z.B. Symbol aus der biblischen Tradition oder aus der Natur), der »auf andere Gedanken bringt«. Zum andern um eine *Vergegenwärtigung und Aneignung des eigenen Lebens* durch Erinnern, Erzählen, Deuten, Sich-Aussöhnen.

In einer Umfrage über die eigene religiöse Einstellung, die ich gemacht habe, wurde als eines der wichtigsten Gefühle gegenüber Gott »Dankbarkeit« angekreuzt. Gegenüber den im Alter immer stärker spürbar werdenden Defiziten und Defekten scheint es mir wichtig, dem Raum zu gewähren, woran ich mich in Dankbarkeit erinnern kann.

Wir sitzen im Kreis auf Stühlen. In der Regel ist auch jemand vom Pflegepersonal mit dabei: eine Schwester, ein Pfleger, die Sozialarbeiterin, eine diakonische Helferin oder ein Zivi. Die Mitte ist meist gestaltet, und setzt als solche oftmals schon den nötigen Gesprächsimpuls: Der blühende, duftende Fliederstrauß im Mai, der Bergkristall, die Tulpenzwiebel, der Erntedankkorb, die Faschingsmaske, der Spazierstock, der Querschnitt durch einen Baumstamm mit sichtbaren Jahresringen oder das Hüpfseil aus der Kindheit.

Im Sommer sitzen wir auf der Terrasse im Park – umgeben von der Natur.

Wir beginnen mit einer kurzen Vorstellungsrunde. Mir ist dabei wichtig, dass die Teilnehmerinnen und Teilnehmer wissen, mit wem sie es bei mir zu tun haben, aber auch, dass ich sie später mit Namen ansprechen kann.

Die religiöse Einstellung der Teilnehmerinnen und Teilnehmer ist recht unterschiedlich. Es gibt Leute, die in einer pietistisch geprägten Frömmigkeit sehr verwurzelt sind, andere haben mit Gott »nichts am Hut«. Sie fühlen sich von ihm und vom Leben enttäuscht.

Nicht selten begegne ich einer mehr oder weniger passiven Erwartungshaltung: dass der Pfarrer eben jetzt etwas erzählt. Andere sind schon in freudiger Erwartung. Es ist es mir wichtig, eine innere und äußere Beteiligung zu erreichen, was auch mehr oder weniger gut gelingt. In der Regel beteiligen sich aber nur 5 bis 10 Patienten direkt am Gespräch. Regelmäßig aber werde ich von einzelnen Leuten nach der Gruppe persönlich angesprochen.

An die Gesprächsgruppe schließt sich ein gemeinsames Kaffeetrinken an, zu dem ich eingeladen werde. Dabei bin ich Gast. Gastgeber sind die Patienten.

3.3.1. Beispiele und Bausteine

Gesprächsrunde: Das Spielzimmer – oder: Wir lassen uns die Kindheit nicht austreiben!

Ich bringe die verschiedensten alten Spielsachen mit (Puppe, Eisenbahn, Mikado, Bausteine, alte Bilderbücher, Kuscheltiere) und breite sie auf einem Teppich in der Mitte aus. Die Teilnehmer und Teilnehmerinnen schauen sich alles in Ruhe an und entscheiden sich dann für eine Sache, die sie aus der Mitte holen. Nachdem alle wieder Platz genommen haben, stellen wir uns gegenseitig unsere Spielsachen vor, verknüpft mit den Erinnerungen, die daran hängen. Nicht jeder muss kommentieren. Manches rückt durch einen kurzen Satz, der Wahrnehmung signalisiert, ins Licht.

Daran können sich weiterführende Gedanken anschließen zur Bedeutung des spielenden und spielerischen Kindes in uns, das uns Spielräume schenkt und kreativ sein lässt, Fantasie und Augenblicke der Selbstvergessenheit beschert. Unterstützt werden kann dies durch Erich Kästners Text: »Lasst euch die Kindheit nicht austreiben!«[14]

Die Erinnerung an das Kind, das in uns wohnt, lässt auch an Jesu Wort erinnern »Wenn ihr nicht werdet wie die Kinder, werdet ihr keinen Anteil an Gottes Reich haben!« (Mt 18,3). Ein Kind ist nicht nur schwach und bedürftig, es ist empfänglich und offen, frei von starren Fixierungen und bereit, sich durch den Augenblick neu beschenken zu lassen.

»Liebe Kinder! Lasst euch die Kindheit nicht austreiben! Schaut, die meisten Menschen legen ihre Kindheit ab wie einen alten Hut. Sie vergessen sie wie eine Telefonnummer, die nicht mehr gilt. Ihr Leben kommt ihnen vor wie eine Dauerwurst, die sie allmählich aufessen, und was gegessen worden ist, existiert nicht mehr. Man nötigt euch in der Schule eifrig von der Unter- über die Mittel- zur Oberstufe. Wenn ihr schließlich drobensteht und balanciert, sägt man die ›überflüssig‹ gewordenen Stufen hinter euch ab, und nun könnt ihr nicht mehr zurück! Aber müsste man nicht in seinem Leben wie in einem Hause treppauf und treppab gehen können? Was soll die schönste erste Etage ohne den Keller mit den duftenden Obstborden und ohne Erdgeschoss mit der knarrenden Haustür und der scheppernden Klingel? Nun – die meisten

---

14 Erich Kästner, Ansprache zum Schulbeginn (Auszug), © Atrium Verlag, Zürich und Thomas Kästner

leben so! Sie stehen auf der obersten Stufe, ohne Treppe und ohne Haus, und machen sich wichtig. Früher waren sie Kinder, dann wurden sie Erwachsene, aber was sind sie nun? Nur wer erwachsen wird und ein Kind bleibt, ist ein Mensch! Wer weiß, ob ihr mich verstanden habt. Die einfachen Dinge sind so schwer begreiflich zu machen.
Seid nicht zu fleißig! Bei diesem Ratschlag müssen die Faulen weghören. Er gilt nur für die Fleißigen, aber für sie ist er sehr wichtig. Das Leben besteht nicht nur aus Schularbeiten. Der Mensch soll lernen, nur die Ochsen büffeln. Ich spreche aus Erfahrung. Ich war als kleiner Junge auf dem besten Wege, ein Ochse zu werden. Dass ich's trotz aller Bemühung, nicht geworden bin, wundert mich heute noch. Der Kopf ist nicht der einzige Körperteil. Wer das Gegenteil behauptet, lügt. Und wer die Lüge glaubt, wird, nachdem er alle Prüfungen mit Hochglanz bestanden hat, nicht sehr schön aussehen. Man muss nämlich auch springen, turnen, tanzen und singen können ...«
Der Text leitet dazu an, den hohen Maßstab der älteren Generation an sich selber im Blick auf Leistung und Arbeiten ins Gespräch zu bringen mit einer bei vielen vernachlässigten Seite ihres Lebens, nämlich des Spielerischen, Kreativen, Spaßhaften, des einfach »Daseindürfens«. Dabei kommen natürlich auch manche belastenden Zwänge aus der eigenen Kindheit zur Sprache. Wichtig aber ist: Wo und wie darf heute und jetzt das Kind in mir leben?

Gesprächsrunde: Erntedankkorb – oder: Wofür möchte ich danken?
In der Mitte des Kreises steht ein Korb, der mit Blumen geschmückt ist. Ich erinnere an den Brauch, wie am Erntedankfest Kinder im Kindergartenalter mit kleinen geschmückten Körben vor den Altar in der Kirche kommen. Dieser Brauch ist schon sehr alt – er stammt aus Israel (5. Mose 26, 1–11). Ich lese den Text nicht vor, sondern erzähle ihn kurz. Was findet sich in meinem Erntedankkorb?
Ich hole den Korb aus der Mitte und hole nach und nach die Dinge heraus, die in ihm enthalten sind:
- eine Kartoffel: Sie erinnert an alle möglichen leckeren Speisen in großer Vielfalt, aber auch an schlechte Zeiten; so an Kriegs- und Nachkriegszeit – bei Bombenangriffen mussten Kindern auf den Kartoffeln im Keller schlafen. Oder Menschen schlichen nachts auf Felder, um Kartoffeln auszugraben.
- eine Mullbinde: erinnert an Schmerzen, an Krankheit, aber auch an

die Erfahrung von Pflege, an die »Verbundenheit«, die durch geteilte schmerzliche Erfahrungen entsteht.
- ein Brief: kein Werbebrief, sondern ein persönlicher Brief eines Freundes. Ich sehe ihn vor mir, fühle mit dem, was er schreibt. Kommt es nicht darauf an, dass wir unser Leben teilen und uns mitteilen?
- eine Kerze: Sie erinnert an Feste, Geburtstage und Feiertage, fröhliche Gemeinschaft oder auch an stille Stunden am Abend.

Gesprächsrunde: Leb die Leben, leb sie alle (Celan) – oder: die Freiheit, auch anders als bisher zu leben!
Grundlage bildet die Geschichte von *Bert Brecht, Die unwürdige Greisin*. Trotz ihres inzwischen antiquierten Zeitkolorits ist die Geschichte (eventuell etwas gekürzt gelesen) eine gute Gesprächsgrundlage über Rollenzwänge, sozial bedingte Verzichte und »Opfer« einerseits und Freiheit und Selbstbestimmung andererseits.
Bei depressiv erkrankten Menschen findet sich oftmals ein hoher Standard an Pflichterfüllung und selbstverleugnende Züge. Die Geschichte zeigt, dass auch im hohen Alter noch Wandlungen möglich sind, und Menschen aus selbst- oder fremdverfertigten Klischees und Erwartungshaltungen ausbrechen können.
Das Pauluswort »Zur Freiheit hat uns Christus befreit« (Gal 5,1) hat zwar die Befreiung von den Zwängen des Ritualgesetzes im Auge, intendiert aber die Freiheit eines Christenmenschen, die allein dem Maßstab der Liebe gehorcht und dabei vertraute Gewohnheiten erschüttert.

Gesprächsrunde: Worte, die mich stärken
In der Mitte liegen 25–30 Blätter (mehr als die Teilnehmer) mit sehr groß und gut leserlich bedruckten (kopierten) kurzen Texten, die Mut machen oder zum Nachdenken anregen, also z.B. Sprichwörter, Redensarten, Bibelworte, kurze Gedichte oder Liedverse, Zitate bekannter Persönlichkeiten u.ä.
Wir stehen auf, gehen im Kreis, schauen uns die Blätter an, jede(r) darf sich ein Blatt auswählen. Wer gar nichts für sich Passendes findet, kann sich auf Eigenes besinnen und dies in die Runde einbringen.
Nachdem alle etwas gefunden und wieder Platz genommen haben, teilen wir die Worte miteinander, d.h. sie werden von den Teilnehmerinnen und Teilnehmern vorgelesen. Wer möchte, sagt dazu auch, was sie

oder ihn dabei angesprochen hat. Vielleicht hat jemand auch eine kleine Geschichte dazu zu erzählen.

Beispieltexte

Nicht müde werden
sondern dem Wunder
leise
wie einem Vogel
die Hand hinhalten.
(Hilde Domin)[15]

Gott hilft uns nicht immer am Leiden vorbei,
aber er hilft uns hindurch.
(Johann Albrecht Bengel)

Ich glaube, dass Gott aus allem, auch aus dem Bösesten, Gutes entstehen lassen kann und will.
Dafür braucht er Menschen, die sich alle Dinge zum Besten dienen lassen.
(Dietrich Bonhoeffer)[16]

Fürchte dich nicht, ich habe dich erlöst, ich habe dich bei deinem Namen gerufen. Du bist mein.
(Jesaja 43,1)

Ich danke Gott und freue mich
Wie's Kind zur Weihnachtsgabe,
dass ich bin, bin! und dass ich dich,
schön menschlich Antlitz habe.
(Matthias Claudius)

Muße ist der schönste Besitz von allen.
(Sokrates)

---

15 © S. Fischer Verlag

16 Dietrich Bonhoeffer, Widerstand und Ergebung, (KT 100), © Chr. Kaiser/Gütersloher Verlagshaus, Gütersloh [16]1997

Des Menschen Engel ist die Zeit.
(Friedrich von Schiller)

Die Kunst des Ausruhens ist ein Teil des Arbeitens.
(John Steinbeck)

An einer strömungsreichen Stelle irgendwo am Meer fand ich ein Schild, das Schwimmer warnt und ihnen empfiehlt, für den Fall, dass eine Strömung sie erfasst, sich nicht gegen den Sog zu wehren. Die Strömung führe wieder zurück. Man solle seine Kräfte nicht sinnlos verbrauchen, sondern sich vom Wasser selber zurücktragen lassen.
(Fulbert Steffensky)[17]

Siehe, ich bin bei euch alle Tage, bis an der Welt Ende.
(Mt 28, 18)

Befiehl dem Herrn deine Wege und hoffe auf ihn. Er wird's wohl machen.
(Psalm 37, 5)

Die auf den Herrn harren, kriegen neue Kraft,
dass sie auffahren mit Flügeln wie Adler,
dass sei laufen und nicht matt werden,
dass sie wandeln und nicht müde werden.
(Jesaja 40, 31)

Gott ist dann am allernächsten, wenn er am weitesten entfernt scheint.
(Martin Luther)

Mein sind die Jahre nicht,
die mir die Zeit genommen,
Mein sind die Jahre nicht,
die etwa möchten kommen;

---

17 Fulbert Steffensky, Das Haus, das die Träume verwaltet, Echter Verlag, Würzburg ^{5}1999

der Augenblick ist mein
und nehm' ich den in acht,
so ist der mein,
der Jahr und Ewigkeit gemacht.
(Andreas Gryphius)

Sieben Farben hat das Licht
will die Nacht vertreiben
sieh es an und fürcht dich nicht
soll nicht finster bleiben.
(Lothar Zenetti)[18]

Hinweis
Das *Kirchenjahr* gibt gute Möglichkeiten, Erlebnisse und Erfahrungen aus Kindheit und Jugend wieder zu »aktivieren«.
So tragen wir in der Vorweihnachtszeit zusammen, wie in der Kindheit zuhause *Weihnachten* gefeiert wurde, oder später mit den eigenen Kindern: welche Brötchen gebacken wurden, wie das Haus und der Weihnachtsbaum geschmückt wurde, welche religiösen Bräuche es gab. Oft ergibt sich ein buntes Bild verschiedenster Bräuche.
Auftauchende Symbole können ein wenig erläutert, gedeutet, in ihrer Sinnhaftigkeit aufgedeckt werden.
Ähnlich kann es vor *Ostern* um die Osterbräuche gehen und die Botschaft des Osterfestes.
Es geht mir hier darum, den Gott im eigenen Leben anzusprechen und zu entdecken – Gott nicht als ein Wesen einer religiösen Sonderwelt, sondern als »das Leben« selbst und als *Wegbegleiter* durchs ganze bisherige Leben.

18 Rechte beim Autor

4. Literatur

Feld, Thomas: Seelsorge mit psychiatrischen Patienten, in: Klessmann, M. (Hrsg.): Handbuch zur Krankenhausseelsorge, Göttingen 1996

Fuchs, Ottmar: Theologische Aspekte zur Interaktion mit psychiatrischen Patienten, in: WzM 40, 1988, 87–94)

Hagenmaier, Heike und Martin: Seelsorge mit psychisch kranken Menschen, Mainz 1991

Klessmann, Michael: Seelsorge in der Psychiatrie – eine andere Sicht vom Menschen? in: WzM 48, 1996, 25–36

Klosinski, Gunther, (Hrsg.): Religion als Chance und Risiko, Göttingen 1993

Maymann, Ursula: Die religiöse Welt psychisch Kranker. Ein Beitrag zur Krankenseelsorge, Freiburg 1984

Nauer, Doris: Kirchliche Seelsorgerinnen und Seelsorger im Psychiatrischen Krankenhaus? Tübinger Perspektiven zur Pastoraltheologie und Religionspädagogik, LIT 1999

Religion und Psychiatrie. Seelenheilkunden begegnen sich. 5. Tagung »Psychiatrische Ethik« 1993,Verlag Psychiatrie und Geschichte, 1994

Steinhilper, Rolf: Depression. Herausforderung an die Seelsorge, Stuttgart

Schuler, Christoph, Verrücktes Leben. Schizophrenie, in: Steinhilper, R. (Hrsg.): Lebenskrisen, Stuttgart 1994

Weber-Gast, Ingrid: Weil du nicht geflohen bist vor meiner Angst, Mainz ^{9}1992 (1978)

III. Seelsorge auf Intensivstationen

von Peter Häußer

1. Intensiv-Medizin – Intensiv-Stationen

»Das Krankenhaus ist ein sozialer Ort, der uns in ein moralisches Dilemma stürzt. Wir wissen, dass es der Ort ist, der unser Leben retten kann, zugleich ist es der Ort, der am meisten Furcht einflößt. Und das umso mehr, als wir wissen, dass auch diese soziale Maschine nicht perfekt arbeiten kann, dass sie nicht nur individuelle Fehler, sondern gar strukturelle Mängel beherbergt, dass sie, während sie die Gefahr bekämpft, immer auch selber zur Gefahr wird.«[19] So beschreibt Georg Seeßlen die ›Krankenhaus-Maschine‹ und ihre Zwiespältigkeit.
Die Bilder von Intensivstationen eignen sich aufs Beste, Faszination und Angst zu wecken. Die Schlagworte und Warnungen sind schnell bei der Hand: Apparatemedizin, High-Tech-Medizin, Todesstationen, seelenloses Krankenhaus, Verführung durch das Machbare.
Auch wenn keiner ernsthaft bestreitet, dass Intensivstationen notwendig sind und es dank der Intensiv-Medizin möglich ist, Leben zu retten und schwierige Operationen zu überstehen – vor Augen ist die vordergründige Dominanz des Technischen, der Apparate, Monitore und Computer, der Kabel, Schläuche und Infusionen. Auch alle Besucher erleben das zunächst so, aber berichten fast im gleichen Atemzug, wie sehr es sie beeindruckt hat, mit welcher Aufmerksamkeit und Kompetenz sich die Pflegenden und Ärzte den Patienten zuwenden.
In der kleinen Broschüre »Information für Besucher«, die von den Ärzten in Zusammenarbeit mit der Klinikseelsorge erarbeitet wurde, beschreibt unsere Intensivstation ihre Aufgabe: »Unsere Patienten benötigen eine umfangreiche Überwachung der lebenswichtigen Funktionen (Intensivüberwachung) und darüber hinaus eine unterschiedlich aufwendige Intensivtherapie, solange die Funktion wichtiger Organe gestört ist. Unser Ziel ist immer, ein drohendes Organversagen zu ver-

19 Georg Seeßlen, Die Krankenhaus-Maschine, in: Erfolgreich behandeln – armselig sterben, hrsg. von Claudio Kürten / Klaus Dörner, Gütersloh 1993

meiden oder bestehende Störungen der Organe so lange zu behandeln, bis ihre Funktion wieder hergestellt ist.
Die meisten Patienten kommen nach einer großen Operation, mit einer schweren Erkrankung oder nach einem Unfall zu uns. In der Regel müssen sie zunächst künstlich beatmet werden und sind ohne Bewusstsein.
Die künstliche Beatmung ist eine aufwendige, aber häufig lebensrettende Behandlungsform bei Atemstörungen und Lungenversagen. Künstlich beatmet wird nach schweren Unfällen, bei tiefer Bewusstlosigkeit, nach großen Operationen und bei Krankheiten, bei denen der Patient nicht aus eigener Kraft atmen kann. Zur Intensivtherapie gehört auch die Überwachung und Behandlung des Bewusstseinszustandes, der Kreislauffunktion und der Funktion der inneren Organe. Auch andere Körperfunktionen wie Ausscheidung, Stoffwechsel, Verdauung und Körpertemperatur überwachen wir fortwährend, damit wir Veränderungen schnell erkennen und behandeln können.
Zum Teil halten wir Patienten bewusst mit Hilfe von Medikamenten in einem künstlichen Schlafzustand, um ihren Kreislauf zu schonen und ihn dann vorsichtig und schrittweise wieder an die Belastungen im wachen Zustand anzupassen.
Wir sprechen mit allen Patienten und erklären ihnen, was wir tun. Wenn ein Patient wach ist, helfen wir ihm, seine Wünsche mitzuteilen, indem wir Tafeln, Schreibmaterial und andere Äußerungsmöglichkeiten anbieten.«

2. Die Intensivstation aus der Sicht der Patienten

Wenn man sich klar machen will, welche Belastungen und Probleme der Aufenthalt auf der Intensiv-Station für die Patienten mit sich bringt, muss man sicher die unterschiedlichen Erkrankungen ebenso bedenken wie den Bewusstseinszustand und die Dauer des Aufenthalts, ob und welche Organfunktionen unterstützt oder überbrückt werden müssen, ob ein plötzliches Ereignis – ein Unfall zum Beispiel oder eine Hirnblutung – die akute Notlage verursacht hat oder ob eine lange chronische Erkrankung vorausging.
Fast alle Probleme, die die Rolle des Patienten mit sich bringt, verschärfen sich auf der Intensivstation:

- herausgerissen sein aus den sonstigen Lebensbezügen, aus den gewohnten Rhythmen und Rollen, verbunden mit Gefühlen der Trennung, des Abgeschnittenseins und der Orientierungslosigkeit,
- hilflos und wehrlos da liegen in fremder Umgebung, fremden Menschen ausgeliefert sein, die fremde, ungewohnte, beängstigende Maßnahmen vollziehen,
- eingeschränkt sein in der Bewegungs- und Leistungsfähigkeit, in der Kommunikation, in den Möglichkeiten, die fremde Umgebung wahrzunehmen und zu erkennen,
- ausgeliefert sein greller Beleuchtung und fremden Geräuschen und Gerüchen, die sich nicht orten und zuordnen lassen,
- das Gefühl für den eigenen Körper verlieren, nicht mehr unterscheiden können zwischen »innen und außen«, »selbst und fremd«, vor allem dann, wenn Körperfunktionen durch Apparate ersetzt werden,
- überschwemmt werden von Gefühlen und Phantasien, Träumen und verzerrter Wahrnehmung der Realität – und sich nicht äußern können …

Auch – oder gerade – auf der Intensiv-Station gilt, dass alle Hilfe eingebettet sein muss in gute, vertrauensvolle menschliche Beziehungen, die aber erst wachsen und aufgebaut werden müssen. Auch hier ist zunächst mit Ängstlichkeit und Misstrauen zu rechnen.

Die Beziehungen zu den Schwestern, Pflegern, Ärzten, Physiotherapeuten und Seelsorgern sind ja höchst unsymmetrisch. Der Patient ist krank, schwach, hingestreckt, isoliert, kaum bewegungsfähig, hilfs- und versorgungsbedürftig, abhängig, fremdbestimmt, passiv und stumm. Die »Anderen« sind stark, gesund, aufrecht, beweglich, helfend, kompetent, dominant, aktiv, verwirrend viele, die manchmal auch laut und lebhaft miteinander reden und lachen.

Im Idealfall, wenn die Asymmetrie und Spannung nicht zu groß ist, wenn der Patient sich wahrgenommen und ernstgenommen, gut versorgt und betreut fühlt, können die Behandelnden zu einem stützenden ›Hilfs-Ich‹ werden, das Halt gibt und Verlässlichkeit.

Die Krankheit zwingt den Patienten in diese höchst ungleichgewichtige Beziehung und wirft ihn zurück in frühe Verhaltensweisen und Entwicklungsstufen, so dass auch seine Bedürfnisse einfacher und elementarer werden. Aber diese Regression muss auch vom Patienten innerlich bejaht werden, damit er die Hilfen annehmen kann und damit er, sobald sich sein Zustand wieder bessert, auch wieder progrediert, d.h.

dass er schrittweise wieder an Selbständigkeit gewinnt und »wieder auf die Beine kommt.«

In den Gesprächen am Vorabend einer großen Operation ist das oft ein Thema: ob man sich fallen lassen kann, ob man sich aus der Hand und der eigenen Kontrolle geben kann, ob man sich total den Ärzten ausliefern und anvertrauen kann. Entsprechend taucht diese Erfahrung in den Tagen danach – wenn man schon ein wenig darauf zurückschauen kann – wieder auf: Wie schwierig diese totale Hilflosigkeit und das vollkommene Angewiesensein auf andere auszuhalten war, wie sehr dies als Kränkung erlebt wurde und schlimmer war als die Schmerzen, gegen die es ja Mittel gibt.

Manche Patienten erleben die Asymmetrie als große Spannung und Polarität. Sie fühlen sich bedroht und reagieren mit Misstrauen, Widerstand oder Aggression. (Im Wachzimmer erklärte mir ein Patient, warum er die letzten Nächte nicht geschlafen habe: »Ich hatte Angst, sie würden mich vergiften.«)

Manche verlagern auch die innere Bedrohung durch die Erkrankung nach außen, vielleicht weil sie sich noch nicht mit der Krankheit oder dem Unfall innerlich auseinander setzen können. Diese Auseinandersetzung findet nur sehr selten während der Zeit auf der Intensiv-Station statt. Dazu fehlen noch innere Stärke und geistige Klarheit. Die äußeren Umstände mit ihren Bedrängnissen und die kleinen Hoffnungen auf Erleichterungen und Fortschritte stehen im Vordergrund. Die existentielle Krise tritt bei den meisten mit zeitlicher Verzögerung auf, erst wenn die kritische Phase der Krankheit überwunden ist.

Hier ist es Aufgabe der Angehörigen und Seelsorger, aufmerksam zu warten, wann und wie der Patient diese Auseinandersetzung wagt und beginnt. Er selbst bestimmt Zeitpunkt, Tempo und Intensität.

Einzelne Patienten gehen anders damit um, geben sich äußerlich ruhig und zuversichtlich oder schicksalsergeben. Sie verbergen ihre Ängstlichkeit und Depression, passen sich besonders gut an die Situation und die Erwartungen der Pflegenden an, täuschen sich und ihre Umgebung über die inneren Schwierigkeiten hinweg. Sie erscheinen unkompliziert, als ideale Patienten und ernten dafür Lob und Anerkennung. So schützen sie sich und ihre Umgebung vor der chaotischen inneren Welt, vor den erschreckenden Phantasien und Unsicherheiten.

Andere werden von ihren Ängsten förmlich überschwemmt, brauchen ständig Beruhigung, die sich aber sofort wieder verflüchtigt. Sie klammern sich an und wecken manchmal bei den Pflegenden verführerische Allmachtsgefühle, die umschlagen können, wenn die Patienten nicht los kommen von der Intensiv-Station und ihrer permanenten Betreuung.

Neuere Untersuchungen haben gezeigt, dass der größte Teil der Patienten die vielen Apparate und die intensive Überwachung durchaus als beruhigend und stützend erlebt und sie als »mechanische Schutzengel und Leibwächter« empfindet, vor allem dann, wenn das Pflegeteam ihnen hilft und die Apparate erklärt.

Dass mit längerem Aufenthalt auf der Intensivstation auch das Erleben der Patienten kritischer wird, ist leicht verstehbar und einsichtig. Je stabiler die Situation wird und je wacher das Bewusstsein – aber eine Verlegung noch nicht möglich ist –, umso bedrängender und belastender wird die Umgebung wahrgenommen, umso ungeduldiger werden die nötigen Fortschritte erwartet beziehungsweise vermisst, umso deutlicher werden Spannungen und Stimmungen, Hektik, kritische Situationen bei Nachbar-Patienten, Reanimation oder Sterben miterlebt. Der »psychische Vorhang«, hinter dem sich viele eine Zeitlang abschirmen können, wird immer durchlässiger.

Untersuchungen haben auch ergeben, dass Patienten umso empfänglicher für Stimmungen und Haltungen in ihrer Umgebung werden, je eingeschränkter sie sind in ihren Möglichkeiten zu kommunizieren, sich zu bewegen und zu orientieren. Demnach bedürfen Patienten, die beatmet werden, besonders sensibler Betreuung.

Was kann die Aufgabe des Seelsorgers in diesen Situationen sein? Was sind seine Möglichkeiten?

Zunächst einmal kann er – wie die anderen auch – einiges tun, um die Ängste der Patienten zu mildern, um den Gefühlen des Ausgeliefertsein entgegenzuwirken. Alles, was dem Patienten zeigt, dass er als Person wahrgenommen und ernstgenommen wird, hilft, diese schwierige Zeit besser zu überstehen.

In einigen Ideal-Fällen, wenn der Seelsorger den Patienten über mehrere Stationen begleiten kann, ist er dann ein vertrauter Mensch in einer fremden, belastenden Umgebung – und er kann später mithelfen, diese bedrängende Zeit zu bewältigen. Vor allem Patienten, die längere Zeit bei Bewusstsein (und Beatmung) auf der Intensiv-Station aushalten mussten, sprechen oft von einer »Hölle auf Erden«, die sie hinter sich haben, die aber ihre Spuren hinterlassen hat.

Was hilft gegen die Angst? Was vermittelt Hoffnung und Zuversicht? Kurze, gut überlegte Äußerungen, die Verstehen und Zuwendung ausdrücken. Aber auch Anschauen und Schweigen, Berühren und verständnisvolles Da-Sein. Alle Versuche der nonverbalen Kommunikation in Gestik und Mimik. Der Händedruck, der Klang der Stimme, der freundliche beruhigende Blick, ein persönlicher Wunsch für diesen Tag oder die Nacht. Und dort, wo es durch die Vorbegegnungen oder durch die Gespräche mit den Angehörigen geklärt ist, auch ein Zuspruch der Nähe und Hilfe Gottes, ein kurzes Segenswort, ein Psalm.

Als Regeln für die Begegnungen auf der Intensiv-Station haben sich für mich bewährt:

- Hier ist noch deutlicher als sonst: Ich bin ein Eindringling. Ich komme dem Patienten sehr nahe und er kann sich kaum wehren. Umso wichtiger ist es, dass ich die Schamgrenzen beachte.
- Ich muss eine vertrauensvolle Beziehung erst aufbauen, auch durch Regelmäßigkeit und Verlässlichkeit.
- Ich nähere mich vorsichtig und stelle mich immer wieder vor.
- Ich rede langsam und deutlich in kurzen einfachen Sätzen, die informieren und beruhigen.
- Ich rede »normal«, nicht bedeutungsschwer oder tiefschürfend. Ich unterstütze meine Worte mit Gesten und Mimik.
- Ich teile meine Beobachtungen mit (Ich sehe, Sie sind ...), ich spreche die Probleme der Umgebung an, ich versuche zur Orientierung zu helfen.
- Ich bin auf Verwirrung und merkwürdige Reaktionen, Wünsche und Fragen gefasst.
- Bitten und Wünsche gebe ich an die Pflegenden weiter oder ich versuche, sie in Absprache mit den Pflegenden zu erfüllen.
- Nur wenn schon eine gewisse Vertrautheit entstanden ist, wage ich eine Berührung, an der Hand oder an der Schulter.
- Ich versuche, Kontakt aufzunehmen, auch wenn ich keine Reaktion erkennen kann. Vielleicht kommt sie mit großer Verzögerung? Vielleicht liegt es auch an meiner mangelnden Wahrnehmungsfähigkeit, dass ich die Reaktion nicht erkennen oder deuten kann.

Es ist immer eine besonders belastende Situation, wenn der Patient wegen des Beatmungsschlauches nicht laut reden kann und ich seine Lippenbewegungen nicht verstehe. Es ist dann manchmal schwer abzuschätzen, ob die Kommunikation übers Schreiben oder eine ABC-Tafel klappen könnte – oder ob dies auch nur eine neue frustrierende Erfahrung wird.

3. Die Begleitung der Angehörigen

Angehörige, die zum ersten Mal einen Patienten auf einer Intensiv-Station besuchen, stehen oft unter einem doppelten Schock. Ganz plötzlich, wie ein Blitz aus heiterem Himmel, hat ein schreckliches Ereignis ihr Leben verändert, einen nahestehenden Menschen in Lebensgefahr und Todesnähe gebracht. Sie sind erfüllt von großer Angst und quälender Ungewissheit, von Hilflosigkeit und extremer Anspannung.
So, in höchster Weise aufgewühlt und erschüttert, kommen sie – meist zum ersten Mal in ihrem Leben – auf eine Intensiv-Station und müssen zunächst einige Hindernisse überwinden: die Station finden, sich über die Sprechanlage anmelden, ihr Anliegen vorbringen, warten, von der Stimme aus dem Lautsprecher in die Besucherecke geschickt werden, die Besucherecke finden, warten ...
Wünschenswert wäre, wenn sie jemand an der Tür abholen und begrüßen könnte und mit ihnen wartet, bis der Arzt kommt, der sie über den Zustand des Patienten informiert und auf den Besuch am Krankenbett vorbereitet. Denn der erste Anblick eines geliebten Menschen in einem Intensivbett wirkt wie ein neuer Schock. Er verstärkt die Ängste und Unsicherheiten, auch wenn die Kompetenz und Professionalität der Ärzte und Pflegenden und der technische Aufwand signalisieren: hier wird alles Menschenmögliche getan, um das bedrohte Leben zu retten.
So sind die Angehörigen hin und her gerissen zwischen Ängsten und Hoffnungen, zwischen Besorgnis und Zuversicht – und erleben die Zwiespältigkeiten der Intensiv-Medizin in der eigenen Seele.
Für alle, die mit Menschen in solchen Extremsituationen zu tun haben und sie begleiten wollen, ist es zweifellos hilfreich, sich mit den Phasen(-Modellen) der Krisenverarbeitung vertraut zu machen. Solches Wissen kann helfen, mit den unterschiedlichsten Reaktionen besser umzugehen und sie akzeptieren zu lernen, auch wenn die Reaktionen und Verhaltensweisen schwierig und unangenehm sind: wenn Angehö-

rige die Fassung verlieren oder wie erstarrt sind, wenn sie misstrauisch oder aggressiv werden ...

In Anlehnung an das Modell der Krisenverarbeitungsspirale, das Erika Schuchardt z. B. in ihrem Buch »Warum gerade ich ...?«[20] darstellt, kann man das Verhalten der Angehörigen in seinen verschiedenen Phasen so beschreiben und verstehen:

In der *ersten Spiralphase* »Ungewissheit« kann die steigende Anspannung zu einer *erhöhten Sensibilisierung* führen, die misstrauisch machen kann, aber auch sehr empfänglich für kleine menschliche Gesten und Hilfen.

Der *Wunsch nach erlösender Gewissheit*, die die schier unerträgliche Spannung beendet, bestimmt die *zweite Phase*. Was dann als bittere Wahrheit vielleicht rational erkannt wird – sicher nicht auf einmal – wird allerdings emotional noch nicht nachvollzogen. Aber jedes klärende, begleitende Gespräch über die reale Situation ist hilfreich und vermittelt das Gefühl, nicht allein zu sein.

Je mehr dann die reale Situation ins Bewusstsein dringt, umso stärker können *Gefühle der Aggression* aufkommen und überquellen. In dieser *dritten Phase* suchen sie sich oft ein Ersatzobjekt und treffen die Pflegenden. Dann ist es für die Begleitenden wichtig, Ruhe bewahren zu können und sich bewusst zu machen, dass diese Aggressionen nicht gegen sie persönlich gerichtet sind und dass sie auch wieder vergehen.

In der *vierten Phase* drängen die freigesetzten emotionalen Kräfte zur *Tat*. Weil leider die Angehörigen wenig oder gar nichts an praktischer Hilfe tun können, bleibt manchmal nur das unaufhörliche Sammeln von Informationen. Hier – wie auch sonst – wäre es unbedingt wichtig, dass sich das Team abspricht und einheitliche und korrekte Auskünfte gibt. (Manchen Angehörigen gelingt es, durch unterschiedliche Fragestellungen widersprüchliche Aussagen zu provozieren.)

Die *fünfte Phase der Depression* bereitet auf den Verlust vor, der oft auch mit eigener Schuld und eigenem Versagen verbunden wird. Hier wird schmerzlich bewusst, was schon verloren ist und was in Zukunft verloren zu gehen droht. Diese Trauer auszuhalten – oft genug nur im gemeinsamen Schweigen – ist das, was jetzt von den Begleitern zu leisten ist. Das ist erst recht nicht leicht für Ärzte und Pflegende, die ja

20 Erika Schuchardt, Warum gerade ich ...? Leben lernen in Krisen – Leiden und Glaube ..., Göttingen [10]1999

gerade einen Beruf gewählt haben, in dem man handeln und zupacken muss.

Wenn dann in den *letzten Phasen das Unabänderliche angenommen werden kann*, können Kräfte frei werden, um den notwendigen Abschied zu gestalten. Hier kann es hilfreich sein, wenn die Angehörigen an der Pflege beteiligt werden können – und sei es noch so gering –, damit Zeichen der Nähe, der Verbundenheit und Liebe möglich werden, die dann das Loslassen(-Müssen) erleichtern.

Die Aufgaben und Möglichkeiten des Seelsorgers entsprechen in vielem dem, was auch von den Ärzten und Pflegenden erwartet wird, wenn sie es mit den Angehörigen zu tun haben:

- begleiten und unterstützen durch teilnehmendes, einfühlendes Verstehen, auch in den Wechselbädern der Gefühle,
- Respekt und Toleranz,
- die Wünsche und Bedürfnisse ernstnehmen,
- die Angehörigen ermutigen und anleiten, mit den Patienten in Kontakt zu treten, sie zu berühren und anzusprechen, auch wenn keine Reaktionen erkennbar sind,
- die Umgebung, die Apparate und Maßnahmen verständlich machen,
- offen, ehrlich und einfühlsam über den Zustand des Patienten informieren,
- die Angehörigen auch an den offenen Fragen, Ungewissheiten und Entscheidungen teilhaben lassen.

Der Seelsorger hat den Vorteil, dass er sich meist mehr Zeit nehmen kann, dass er als ›erfahrener Zivilist und Laie‹ manchmal vermitteln kann zwischen den Fachausdrücken und Verhaltensweisen der Ärzte sowie den Sachzwängen und Spielregeln der Station einerseits und den Fragen, Ängsten und Bedürfnissen der Angehörigen andererseits, weil und sofern er immer wieder die Situation aus der Sicht der Angehörigen erlebt beziehungsweise zu betrachten versucht. Im häufigen Wechsel der Ärzte und Pflegekräfte kann der Seelsorger ein konstanter und vertrauter Gesprächspartner werden.

Er braucht nicht viel medizinisches Wissen über den Zustand des Patienten und sollte es auch nicht im Gespräch einsetzen. Aber er kann seine Eindrücke und Beobachtungen äußern und mit denen der Angehörigen zusammenfügen und vergleichen, denn er sucht wie sie nach Kontakt und Reaktion, nach Zeichen der Hoffnung. (Manchmal kann ich von meinen Begegnungen vom Vormittag berichten, wenn die Patienten oft lebhafter und kommunikativer sind als abends während der Besuchszeit.)

Der Seelsorger teilt mit den Angehörigen den Wunsch nach Besserung, die Freude über Fortschritte und die Enttäuschungen über Verschlechterungen, die Hilflosigkeit und Ohnmacht, die quälende Ungewissheit, wenn sich ein Zustand verfestigt und keinerlei Veränderung zu erkennen ist, wenn die Geduld und die Kraft zu hoffen erlahmen, wenn die Befürchtungen wachsen und die Gewissheit, dass der Tod naht, unausweichlich wird.

Während der Besuchszeit ergeben sich die Gespräche am ehesten beim Warten in der Besucherecke oder auf dem Flur, wenn der Besuch am Krankenbett zum Beispiel wegen eines Neuzuganges unterbrochen werden musste. Im Krankenzimmer, am Krankenbett sind längere Gespräche meist problematisch.

Wenn ich durch die Zimmer gehe, zu den einzelnen Betten, dann muss ich abwägen, ob und wann ich auf die Angehörigen, die am Bett stehen, zugehe. Störe ich die Intimität eines Besuches, spüre ich eine Erwartung oder Ablehnung? Muss ich damit rechnen, als »Todesengel« angesehen zu werden? (»Herr Pfarrer, wir hoffen eigentlich nicht, dass wir Sie brauchen!« – das wäre dann noch eine eher harmlose Reaktion.)

Hier hilft natürlich, wenn neue Angehörige sehen, wie andere auf mich reagieren. Manche haben mich auch schon gleich als Pfarrer erkannt – das Plakat in der Besucherecke, die Hinweise in der Info-Broschüre und meine zivile Kleidung plus Namensschild und Piepser haben dabei sicher mitgeholfen.

Dann stelle ich mich vor, nehme Kontakt zum Patienten auf – ideal ist es natürlich, wenn er mich schon kennt und positiv reagiert – bleibe aber meist nur kurz am Bett, um die wertvolle Zeit des Besuchs nicht zu stören. Mit einem Wunsch oder einem Segenswort oder auch nur einer Geste der Anteilnahme ziehe ich mich zurück. Nur wenn die Angehörigen es ausdrücklich wünschen, spreche ich ein Gebet oder einen Psalm.

Draußen im Gang, in der Ecke kann es dann später zu intensiveren Gesprächen kommen, in denen Gefühle hervorbrechen, die am Bett zurückgehalten und unterdrückt werden mussten und sich aufgestaut haben.

Natürlich sind die Angehörigen eines Patienten oft sehr unterschied-

lich in ihrer Art und Weise, mit der Krise, mit den Umständen, mit den Gefühlen umzugehen. Auch lässt sich beobachten, dass Angehörige mit zunehmender Dauer kritischer werden.
Der anfängliche »Tunnelblick« oder »Mikroskopeffekt« lässt nach. Sie sehen nicht nur ihren Patienten, sondern nehmen mehr von dem wahr, was auch sonst passiert. Sie lernen die Angehörigen anderer Patienten kennen, sie leiden unter organisatorischen Mängeln und widersprüchlichen Auskünften – und brauchen vielleicht auch Ersatzobjekte für die innere Aggression.
Hier kann es dann auch den Seelsorger treffen, der Aggressionen zu spüren bekommt, die eigentlich Gott gelten, aber die man ihm gegenüber nicht zu äußern wagt.
Schwierig wird es, wenn es zu Konflikten innerhalb einer Familie kommt oder bestehende Konflikte neue Nahrung und Schärfe bekommen, wenn gestritten wird um Besuchsrechte und Auskünfte oder um die Zustimmung zu Operationen oder zur Organspende.
Zu den handfesten Hilfen, die wir Seelsorger in unserer Klinik anbieten können, gehören Gästezimmer für Angehörige von weither oder das Angebot, unser Seelsorgezimmer für ein/zwei Nächte als Rückzugsraum benutzen zu können, wenn Angehörige in kritischer Situation in unmittelbarer Nähe zur Intensivstation bleiben wollen.
Dass wir behilflich sind, wenn es etwa darum geht, einen orthodoxen Priester oder einen muslimischen Imam zu rufen, ist so selbstverständlich, wie ich katholische Angehörige auf die Möglichkeit der Krankensalbung hinweise.

4. Die Ärzte und Pflegenden

Es ist schnell einsichtig, dass die Arbeit auf den Intensivstationen für die Ärzte und Pflegekräfte eine besondere Belastung darstellt. Sie sind verantwortlich für Patienten in lebensbedrohlichem Zustand, sie spüren die dauernde Todesnähe und die hochgespannten Erwartungen der Angehörigen. Die Arbeit verlangt hohe Kompetenz und permanente Aufmerksamkeit, denn es kann immer zu befürchteten oder unvorhergesehenen Komplikationen kommen. Ständig wird hohe Einsatzbereitschaft erwartet, alles muss dokumentiert werden. Oft wird es hektisch,

wenn zum Beispiel Reanimation nötig wird oder Notfälle den normalen Ablauf unterbrechen.
Mit den meisten Patienten ist nur eine antwortlose Einwegkommunikation möglich. Dann ist es schwer, eine Beziehung zu ihnen aufzubauen – und doch müssen die Pflegenden aufmerksam auf alle mittelbaren und unmittelbaren Äußerungen von Angst und Schmerz, Hoffnung und Resignation achten; müssen Mimik, Gebärden und Widerstand deuten als Versuche der Patienten, sich mitzuteilen trotz Beatmung und eingeschränktem Bewusstsein. Oft kann nur erahnt werden, was der Patient will und braucht, was ihn stört oder ihm gut täte.
Die Vorgeschichte des Patienten, sein Wesen, seine Vorlieben, seine Einstellungen – all das ist ja meist unbekannt und kann nur zum Teil in den Gesprächen mit den Angehörigen erfragt werden. (Manchmal kann auch der Seelsorger, der den Patienten schon vor der Operation kennen gelernt hat, hilfreiche Hinweise geben.)
Die öffentliche Diskussion, in der eher kritische oder abfällige (Vor-)Urteile über die Intensivstationen vorherrschen, ist eine weitere Belastung für alle, die dort arbeiten. Schichtdienst, die Zusammenarbeit auf engem Raum, Konflikte in den Zuständigkeiten zum Beispiel zwischen Arzt und Pflegekraft, unterschiedliche Auffassungen über die Maßnahmen, die angeordnet werden – das können weitere belastende Momente sein.
Die »guten« Patienten wechseln häufig: Sobald sie nicht mehr beatmet werden müssen und kommunikativ sind, werden sie verlegt. Die »Langlieger« befinden sich oft in quälenden Zwischenzuständen, die am Sinn der Therapie und Pflege zweifeln lassen.
Als ganz besondere Belastung werden die Patienten erlebt, die in der gleichen Altersstufe wie die Pflegenden sind und die meist als Notfälle und Opfer von Unfällen eingeliefert werden.
Die Klinik bietet nur sehr wenige Möglichkeiten für die Pflegenden und Ärzte an, mit den dauernden oder den akuten Belastungen umzugehen. Und so hört man oft: »Da muss jeder selber sehen, wie er das verkraftet. Mit der Zeit entwickelt jeder so seine Technik«.
Da überrascht es nicht, wenn immer wieder Anzeichen für das *Burn-out*-Syndrom zu erkennen sind: selbsterzeugte Hektik zum Beispiel oder Revier-Verhalten (»mein Patient«, den ich abschirmen muss). Dann werden die Angehörigen – und manchmal auch der Seelsorger – als Störung und Kontrolle empfunden.

Bei den jungen Ärzten kommt die schwierige Situation der Ausbildung und Abhängigkeit hinzu. Sie werden oft bis über die Grenzen ihrer Belastbarkeit beansprucht.
Von Seiten der Patienten gibt es wenig Dank und Rückmeldung – auch weil es schwierig ist, später Zugang zu bekommen zu der Station und zu denen, die einen dort gepflegt haben. Hier kann ich manchmal Bote sein, aber auch zu solchem Dank und zur Rückmeldung ermuntern.
Zum heutigen Verständnis von Klinikseelsorge gehört es, dass die Seelsorger auch für die Menschen da sein sollen, die in der Klinik arbeiten. Das ist ein hoher Anspruch. Angemessener erscheint mir, dass wir eher *mit den Pflegenden* als für sie da sind, d.h., dass wir ihre Arbeit wertschätzen und die Belastungen sehen und mittragen.
Ich selbst bin ja als Klinikseelsorger in einer privilegierten Position. Ich bleibe trotz aller Präsenz ein Gast, der sich immer wieder zurückziehen kann. Ich arbeite im Auftrag der Kirche, also unabhängig und außerhalb der Klinikhierarchie. Ich bin weitgehend frei vom Handlungszwang und Entscheidungsdruck. Ich kann mir viel Zeit nehmen für intensive Gespräche – wie es viele der Pflegenden vielleicht auch gerne täten.
Meine Rolle kann durchaus Neid erwecken, wenn es zum Beispiel spontan erfreute Reaktion bei Patienten gibt, wenn ich komme. »Bei mir lacht sie nie!«, beklagte sich eine Schwester, als mich eine Patientin freudig begrüßte. Ich habe es ja auch leichter, ich komme in Zivil, ich war der Patientin vertraut – und vor allem: ich muss keine unangenehmen Dinge mit ihr machen, sie nicht ›quälen‹.
Manche Defizite und Mängel bleiben mir nicht verborgen. In den Gesprächen mit den Patienten und ihren Angehörigen werden mir viele sachliche und menschliche Fehler und Unzulänglichkeiten anvertraut, unter denen die Patienten leiden.
Nicht immer ist sofort und leicht zu erkennen, was der Realität entspricht und was verzerrt wahrgenommen wurde. Was fällt unter die Schweigepflicht? Wo ist meine Solidarität zum Personal tangiert? Wieweit identifiziere ich mich mit der Klinik und mit der Medizin, die hier vertreten wird? Wieweit trage ich schwierige Entscheidungen oder gar Fehler mit? Ich bin ja auf die Kollegialität der Ärzte und der Pflegenden angewiesen: dass sie mich wahrnehmen, ernstnehmen, ansprechen, informieren und beteiligen.
Wenn ich als Gesprächspartner ernstgenommen werden will, muss ich

Einsatzbereitschaft zeigen und Zuverlässigkeit, ich muss Kenntnisse erwerben, mich vor schnellen Urteilen hüten und die ›Reviere‹ achten. Es hat lange gedauert, bis ich Patientenwünsche und Klagen so weiter geben konnte, dass es nicht als Kritik aufgefasst wurde und auf Ablehnung stieß.
Ich muss meine Arbeit transparent machen und mich an die ›Öffentlichkeit‹ gewöhnen, ich muss akzeptieren, dass immer Pflegende in der Nähe sind und sie mitverfolgen, wie ich Kontakt aufnehme und auch immer wieder in der Kommunikation mit manchen Patienten scheitere, wie ich mit den Angehörigen rede und sie begleite, wie ich bei Sterbenden aushalte und meinen Glauben bezeuge.

5. Probleme und Chancen

5.1. Sterben

Wer in der Sterbebegleitung die wichtigste Aufgabe der Seelsorge sieht, wird von den Möglichkeiten, Sterbende auf den Intensivstationen seelsorglich zu begleiten, enttäuscht sein. Wer mit dem Ideal von Sterbebegleitung als Hilfe zum Loslassen und zum getrosten Abschiednehmen hierher kommt, wer auf längere Begleitung und innere Prozesse hofft, wird enttäuscht sein. Sterbende »auf Intensiv« sind fast ausschließlich in tiefer Bewusstlosigkeit, liegen im Koma, sind stumm.
Ich habe lernen müssen, dass die Sterbebegleitung unter den Bedingungen einer heutigen Klinik der Maximal-Versorgung anders aussieht, als es die Bücher vermitteln und ich es erwartet hatte. Die medizinischen und gesellschaftlichen Veränderungen zwingen dazu, die Ziele und Möglichkeiten der Sterbebegleitung zu überdenken. Was für die ganze Klinik gilt, ist auf den Intensivstationen am stärksten ausgeprägt.
Dem Sterben auf Intensivstationen geht entweder ein plötzliches Ereignis wie ein Unfall, eine Hirnblutung oder eine Komplikation während einer Operation voraus. Dadurch ist die Behandlung auf der Intensivstation nötig geworden, die in ein Koma geführt hat, aus dem es kein Erwachen, kein Bewusstsein mehr gibt – oder es kommt nach einer langen Therapie mit vielen einzelnen Schritten und Zielen plötzlich zum Zusammenbruch, der schnell zum Tod führt.

So gibt es einerseits oft einen zähen Kampf, der sich über Wochen hinziehen kann. Das bedeutet für die Ärzte und die Angehörigen eine lange, quälende Zeit der Ungewissheit, in der es nicht möglich ist, den Zeitpunkt wahrzunehmen oder festzusetzen, wann der Krankheits-Verlauf endet und das Sterben beginnt. Denn immer noch sind neue Maßnahmen denkbar und höhere Dosierungen möglich, die der Hoffnung neuen Auftrieb geben. (Angehörige bestätigen: »Es braucht nicht viel, um wieder hoffen zu können.«)
Oder es gibt andererseits langwierige, belastende Therapien mit vielen Zwischenzielen und Behandlungsphasen, mit Hoffnungen und Teilerfolgen, mit Enttäuschungen und Niederlagen. Aber das Sterben ist noch kein Thema, der Gedanke an den Tod wird hinausgeschoben. Und immer wieder gibt es ja Erfolge – und dann war diese Zeit eine äußerst schwierige Etappe auf einem langen Weg, der vielleicht sogar wieder nach Hause führte.
Dank der Intensivmedizin können einzelne Organfunktionen eine Zeit lang ersetzt und überbrückt werden; erst wenn viele Funktionen gleichzeitig versagen, wird das Sterben absehbar. »Die Gesellschaft erwartet nach wie vor von ihren medizinischen Einrichtungen, die Grenze des Todes so weit wie möglich hinauszuschieben. Ziel ist eine Art ›rechtwinklige Lebenskurve‹:
Der Mensch, der möglichst lange lebt und dann – wenn es dann doch sein muss – schnell stirbt. So erwarten auch viele Patienten und ihre (oft von den Medien mit hohen Erwartungen angereicherten) Angehörigen, dass in der Welt des Machbaren auch dann noch etwas gemacht wird, wenn ›nichts mehr zu machen‹ ist. Schwerkranke werden in große Kliniken und Spezialzentren ja oft mit der Botschaft überwiesen, dass dort der Spezialist X sicher noch etwas tun kann.«[21]
Dass es den Ärzten dann angesichts der Patienten und der Angehörigen schwer fällt, solche Erwartungen zurückzuweisen, verstehe ich sehr gut. Auf der anderen Seite belegen Untersuchungen, dass die Angehörigen – wenn sie später befragt werden – keineswegs Wunder erwarten. Hinter den Erwartungen, die Ärzte spüren und die an sie herangetragen werden, kann natürlich die seelische Schwierigkeit stecken, dieses Ereignis mit seinen drohenden Folgen jetzt schon zu akzeptieren.

21 Erhard Weiher, Die Religion, die Trauer und der Trost, Mainz 1999, S. 20

Für mich als Seelsorger heißt das: Ich begegne also kaum »Sterbenden«, sondern Menschen in verschieden schweren und verschieden deutlichen Stadien einer zum Tod führenden Krankheit, in einem vielfältigen Auf und Ab von (Teil-)Diagnosen und Behandlungen, beschwerdefreien Zeiten und Rückfällen, Erfolgen und Verschlechterungen.
Wie schon gesagt, kann die Intensivmedizin vitale Funktionen vorübergehend und manchmal über einen längeren Zeitraum hinweg maschinell ersetzen und so das Sterben ›zerlegen‹ und dehnen. So entsteht ein Spielraum für unterschiedliche Interpretationen und Therapieentscheidungen – und ein Konfliktfeld zwischen den Ärzten untereinander, zwischen Ärzten und Pflegenden, zwischen Ärzten und Angehörigen, und auch zwischen den Angehörigen. Hier hilft auch eine Patientenverfügung oft nicht weiter, weil ja gerade strittig ist, ob das Sterben schon begonnen hat und die Patientenverfügung beachtet werden muss.
Meine seelsorgliche Begleitung ist also in vielen Fällen - wie Weiher es nennt – »Begleiten im Querschnitt«, das heißt: sie geschieht punktuell. Ich muss das *hier und jetzt* ernstnehmen, denn ich kann selten den Prozess mitgehen und überschauen. Ich muss und kann *jetzt* helfen, die Ohnmacht und den Zweifel, die Klage und Anklage, die Aggression auch Gott gegenüber zu ermöglichen und auszuhalten. Keineswegs kann ich die Trauer, die Verzweiflung und den Schmerz der Trennung verhindern oder zum Verschwinden bringen. Trauer wird nur durch Trauer geheilt.
Ich kann jedoch versuchen, Möglichkeiten zu schaffen und zu eröffnen, den Gefühlen Ausdruck zu geben, nicht nur im Gespräch, sondern auch dadurch, dass ich das Unbegreifliche, Unfassliche und Unsagbare symbolisch zugänglich mache zum Beispiel durch eine segnende Handauflegung, ein Kreuzzeichen, eine Salbung …
Das sind dann meine Möglichkeiten, wenn ich zu einem Sterbenden auf die Intensivstation gerufen werde: die Stille aushalten, auch die Todesstille, Raum schaffen für Intimität, Raum für die Klage, aber auch für Dank, für Gesten und Worte des Abschieds. Ein Gebet, das ich aus der Situation heraus und in die Situation hinein frei spreche, oder ein Psalm, ein bekannter Liedvers oder ein Bibelwort können solche Räume sein und werden. Im Vaterunser und im Sterbesegen versuche ich, das Persönliche und Individuelle zu verbinden mit dem Schicksal und der Hoffnung allen Lebens und mit der Zukunft bei Gott.
Hier werden neben der Begleitung die anderen Dimensionen der Seel-

sorge spürbar und erfahrbar. Man kann es die *priesterliche Aufgabe* oder Rolle nennen, in der die Seelsorger im Idealfall durch ihr Verstehen und Mitfühlen so etwas wie die verkörperte Bezeugung der Nähe Gottes sein können.
Man kann auch von den *Dimensionen des Deutens und Geleitens* sprechen, die zum Begleiten hinzukommen. Denn hier versuche ich vom Sinn und Ziel des Lebens, Leidens und Sterbens zu reden. Hier wird die Grenze des Todes erfahrbar und überschritten, wenn – wie im Sterbesegen – der Sterbende, der Tote in die Vollendung bei und durch Gott entlassen und geleitet wird.
Hier helfen mir traditionelle Formen und bewährte Formulierungen, um all die Gedanken und Gefühle, die jetzt und hier da sind, zu vertiefen, miteinander zu verbinden und auch zu kanalisieren, damit die Flut der Gefühle nicht alles mitreißt. Ich kann mich in den Worten der Tradition bergen und sie bewahren mich davor, meine Lebens- und Glaubensauffassung und meine Vorstellungen vom Sterben und Abschiednehmen mit den Auffassungen, Vorstellungen und Möglichkeiten der Angehörigen zu verwechseln oder zu vermischen. Deshalb versuche ich auch, zu erspüren, wann ich mich – zeitweise und vorübergehend oder ganz – zurückziehen kann.
Dass wir Seelsorger in den Kliniken häufiger zu Sterbenden gerufen werden als in den Gemeinden mag auch daran liegen, dass die seelsorgliche Begleitung und die liturgische Handlung als Teil des therapeutischen Angebots der Klinik genutzt werden. Es hängt aber sicher auch davon ab, ob die Angehörigen uns Seelsorger kennen und wie die Ärzte oder Pflegenden danach fragen, ob sie uns rufen sollen.
Zum *Begleiten im Querschnitt* kann auch die manchmal schmerzliche Erfahrung gehören, dass ich nicht gerufen werde, wenn ein Patient stirbt, dessen letzte Wochen ich begleitet habe, und ich spüre, wie mir – wie wahrscheinlich auch manchen Pflegenden und Ärzten – die Möglichkeit fehlt, Abschied zu nehmen. Ob hier ein Ritual für die Station helfen könnte?
So wird hier wieder deutlich, dass Seelsorge meist sehr punktuell geschieht, aber ebenso, dass sie nicht nur durch uns Seelsorger geschieht. Denn Gott sei Dank und zu unserer Entlastung sind Ärzte und Pflegende da, die mit ihrer Mitmenschlichkeit und ihrem Glauben den Angehörigen Nähe und Beistand geben können und wollen.
Von Angehörigen wird – wie Untersuchungen ergeben haben – bestä-

tigt, dass auf den Intensivstationen »Sterben in Frieden« möglich sei, nicht aber »Sterben in Würde«. Weil die Schmerzen, die Unruhe, die Atemnot in der Klinik bekämpft werden können, wird das Sterben als friedvoll erlebt. Die Bewusstlosigkeit aber, die keine oder nur einseitige Zeichen und Worte des Abschieds zulässt, und die große Abhängigkeit von den Maschinen und Hilfsmitteln machen es schwer oder unmöglich, solches Sterben als würdevoll anzusehen. (Freilich liegen die Ursachen für die Bewusstlosigkeit meistens außerhalb beziehungsweise vor der Intensivpflege.)

Eine weitere Beobachtung: Im Prozess des Abschiednehmens wird oft deutlich, wie sehr der Tod immer stärker als persönliches Unglück erlebt wird und immer weniger als allgemeines Schicksal. Bei fast jedem Sterben taucht die »Warum-Frage« auf. Man kann das als Fehlen einer Kultur des Sterbens beklagen oder als Folge des Individualisierungsprozesses akzeptieren. Die besonderen Umstände der Intensivstation tragen sicher auch dazu bei – ist es doch ein Ort, der signalisiert: hier wird mit allen Mitteln um das Leben und Überleben gekämpft, sicher nicht um jeden Preis, aber doch um jeden vernünftigen Preis, das heißt: solange noch Chancen und Hoffnungen bestehen und Kontakt und Begegnung möglich sind oder werden könnten. Wo alles das getan wird, nicht was auch noch machbar wäre, sondern was medizinisch angezeigt ist, weil immer noch einiges für die Regel spricht, lieber zuviel zu tun als zu wenig.

5.2. Hirntod und Organtransplantation

Mit einem alten Organspenderausweis in der Tasche und einigen Berichten und Fragen im Hinterkopf – so habe ich 1994 meine Arbeit auf der Intensivstation begonnen. In den Berichten hatten Angehörige davon erzählt, wie sie in höchst unsensibler Weise mit der Frage nach ihrer Zustimmung zur Organspende überfallen und bedrängt worden waren. Und bei meinen Antrittsbesuchen ließen zwei Chefärzte sehr deutlich die Erwartung spüren, dass sie von mir Unterstützung erhofften, wenn es darum gehe, Angehörige in solchen Situationen zur Zustimmung zu bewegen.

Die öffentliche Diskussion, die dem neuen Transplantationsgesetz vorausging, und meine eigenen Erfahrungen zwangen mich zu einer inten-

siven Beschäftigung mit den Fragen und Problemen um Hirntod und Organtransplantation – mit dem Ergebnis, dass ich meinen Organspenderausweis erneuert habe und dass dieses Kapitel fast unvermeidlich viel Theorie und Reflexion und insofern auch Auseinandersetzung mit anderen Positionen enthält.
Zu jedem Beispiel, das ich anführen könnte, lassen sich immer auch Gegenbeispiele finden. Deshalb verzichte ich darauf, einzelne – in meinen Augen ›exemplarische‹ – Begegnungen darzustellen. Aber wahrscheinlich hat es meine Einstellung beeinflusst, dass ich zuerst Patienten begegnet bin, die eine Organspende erhalten hatten und deren Schicksal und Dankbarkeit mich beeindruckten. Vor allem aber waren es die Erfahrungen in der Begleitung von Angehörigen hirntoter Patienten, die mein Nachdenken bestimmt haben.
Wir haben gelernt, den Tod durch Herzstillstand nicht so ohne weiteres, nicht kampflos hinzunehmen. Wir rufen den Notarzt und erwarten Reanimationsbemühungen. Und in vielen Fällen gelingt die Wiederbelebung ja auch, das Herz fängt wieder an zu schlagen, der Patient kommt schließlich auf die Intensiv-Station. Wer es bis dorthin schafft, stirbt nicht so schnell. Ob mit der Reanimation allerdings das Leben auf Dauer gerettet ist, ob und mit welchen bleibenden Schädigungen zu rechnen ist, das stellt sich erst nach und nach, meist erst nach Tagen heraus.
Ob der längere Sauerstoffmangel im Gehirn schwerste Beeinträchtigungen nach sich zieht, ob nach der Kopfverletzung oder Hirnblutung der steigende Druck im Schädel die Blut- und Sauerstoffversorgung des Gehirns dauerhaft unterbricht und sich das Gehirn unaufhaltsam zersetzt, ob die Verletzung des Gehirns nur partiell oder irreversibel und vollständig ist – das alles lässt sich nicht sofort, nicht in wenigen Stunden zweifelsfrei erkennen oder vorhersagen. Das Ausmaß der Zerstörung wird erst nach und nach deutlich.
Für die Angehörigen, aber auch für die Ärzte und Pflegenden beginnt eine quälende Zeit der Ungewissheit. Auch wenn von Anfang an »nur wenig Hoffnung« bestand und gemacht wurde, so klammern sich die Angehörigen doch mit allen Kräften an die Zeichen und Auskünfte, die der Hoffnung Nahrung geben: »Man darf doch die Hoffnung nie aufgeben!«
Das Ausmaß der Schäden und die Tiefe der Verletzungen entziehen sich gerade in diesen Situationen meist unserer sinnlichen Wahrneh-

mung. Oft sind keine oder nur unerhebliche äußere Verletzungen zu erkennen. Wären nicht die Drainagen und Kabel und der Beatmungs-Schlauch, dann könnte man manchmal meinen, der Patient schliefe nur tief.

Aber je länger dieser Zustand dauert, umso stärker tritt ins Bewusstsein, dass keinerlei Regungen oder Zeichen zu spüren sind, dass alle Versuche der Kommunikation ins Leere gehen und alle Wünsche nach Lebenszeichen ohne jedes Echo bleiben.

Wenn sich dann die bittere Erkenntnis des nahen Todes durchsetzt, wenn von der Hirntod-Diagnostik die Rede ist – auch dann kann es noch Stunden, Tage dauern, bis zweifelsfrei der eingetretene Hirntod feststeht und damit das Ende der Behandlung und der künstlichen Beatmung in Sicht kommt. Denn bevor die Hirntod-Diagnostik begonnen werden kann, muss nachgewiesen sein, dass alle Medikamente, die ähnliche Symptome hervor rufen könnten, aus dem Körper verschwunden sind.

So hat ein meist plötzliches, oft gewaltsames Ereignis in eine extrem künstliche Situation geführt. Alle Vorstellungen vom natürlichen Sterben und Abschiednehmen sind hinfällig geworden. Die Intensivmedizin hat das Sterben gedehnt und verändert.

Was früher wie ein einziger zusammenhängender Vorgang erschien, auf den man kaum Einfluss nehmen konnte, wird nun zerteilt. Wir haben gelernt, zwischen dem klinischen Tod, der eben in manchen Fällen reversibel ist, und dem Hirntod als dem endgültigen, irreversiblen und vollständigen Ausfall aller Hirnfunktionen zu unterscheiden, vom psychologischen oder sozialen Tod ganz zu schweigen.

Nun ist es sicher keine neue Erkenntnis, dass das Sterben ein Prozess ist, der in verschiedenen Phasen und Etappen verläuft. Auch wenn es im Einzelnen schwierig oder unmöglich ist, die Phasen exakt voneinander zu unterscheiden beziehungsweise zu trennen, spricht das nicht dagegen, unterschiedliche Phasen anzuerkennen.

Freilich, je nach Argumentationsinteresse kann man eher die Unterschiede der Phasen betonen oder andererseits auf den fließenden Prozess hinweisen und auf die Unmöglichkeit, die einzelnen Phasen oder besondere Zeitpunkte festzulegen und hervorzuheben. (Eine ähnliche Problematik gibt es am Beginn des Lebens, etwa bei der Frage, ob und welche ethische Bedeutung die verschiedenen Stadien der Entwicklung von der befruchteten Eizelle bis zum Embryo beziehungsweise Fetus haben.)

Allerdings nötigen pragmatische sowie kulturelle und religiöse Gründe seit jeher dazu, einen Todeszeitpunkt festzusetzen, für den es genügend sichere Todeszeichen gibt und der es ermöglicht, zum Beispiel mit den Vorbereitungen der Bestattung zu beginnen. Dazu diente für unseren Kulturkreis lange Zeit der Herz-Kreislauftod oder genauer: der Tod nach Herzstillstand. Aus dem deutlich erkennbaren Absterbevorgang wurde dieser Zeitpunkt gewählt und im Totenschein möglichst genau mit Stunde und Minute angegeben, weil damit der Beginn der Sterbeautomatik umschrieben und der Sterbevorgang nicht mehr umzukehren war.

Dieses Todeskonzept genügt auch heute noch in den allermeisten Fällen. Aber für eine kleine Zahl von Sterbeprozessen auf den Intensivstationen – und nur da – erwies sich dieses Konzept als ungenügend: wenn der Herz-Kreislaufstillstand rückgängig gemacht werden kann und die Absterbekaskade durch Reanimation und künstliche Beatmung unterbrochen und aufgehalten werden kann.

Durch den Erfolg der Intensiv-Medizin wurde also eine Neuformulierung der Todeskriterien nötig. Dies wurde durch die Interessen der Transplantationsmedizin beschleunigt und bekam dadurch Durchsetzungskraft und Problematik. So ist der Streit um den Hirntod auch ein Streit um die Frage, ob und wie zwingend dieser Zusammenhang zwischen Hirntod-Konzept und Transplantationsmedizin ist.

Während die Kritiker das Hirntod-Konzept von den Interessen der Transplantationsmedizin bestimmt sehen, verweisen die Verteidiger darauf, dass das Hirntod-Konzept ganz vom Patienten her begründet werden könne und dass die Verquickung mit der Transplantation zwar faktisch vorhanden, aber nicht zwingend sei und dass sie auch kein Gegenargument sein könne, wenn Organtransplantationen ethisch gerechtfertigt seien.

So bietet die Hirntod-Diagnostik zwar größtmögliche Sicherheit, aber der sinnliche Eindruck scheint den Befunden, die die Instrumente und Apparate liefern, zu widersprechen: Vor mir liegt ein warmer Körper, dessen Herz schlägt, dessen Puls ich fühlen kann, dessen Brust sich – freilich im Takt der Beatmungsmaschine – hebt und senkt.

Dieser Widerspruch zwischen sinnlicher Erfahrung und rational oder instrumentell vermittelter Einsicht begegnet allerdings immer wieder in der Moderne und der modernen Medizin – und er kann immer auch als Kränkung empfunden werden. Unsere Sinne und unsere Selbstwahrnehmung reichen oft nicht aus, wir brauchen Instrumente und Geräte, um zum Beispiel manche Krankheiten und Gefahren frühzeitig zu erkennen. So sagen dann Patienten: »Ich habe keinerlei Beschwerden. Ich fühl' mich ganz gesund, aber bei der Routineuntersuchung hat man zufällig entdeckt …«

Ich habe das neue Transplantationsgesetz, das die erweiterte Zustimmungslösung gebracht hat, begrüßt. Es hat die Praxis, die ich bisher erlebt habe, bestätigt und es verpflichtet dazu, durch gute Information und Argumentation um die Zustimmung zu werben und die Bedenken und Befürchtungen ernst zu nehmen.

Wenn man als Seelsorger gleichzeitig Patienten – manchmal auf der gleichen Station oder der Station nebenan – kennt und begleitet, die dringend auf ein neues Organ warten, dann wird man sensibel für die Sprache, mit der die Diskussion um Hirntod und Organspende geführt wird. Dann redet man auch nicht mehr so leicht und einlinig von den Interessen der Ärzte und der Pharmaindustrie, weil man konkrete Menschen vor Augen hat: die wartenden Patienten, aber auch die Ärzte und ihre Bemühungen, ihren Kampf, ihre Betroffenheit. Aber ich spüre sehr deutlich die Frage, ob es ein Gesundheitswesen geben kann, dass weniger von den Interessen der Industrie und der Hoffnung auf Gewinn bestimmt und vorangetrieben wird.

Wer konkrete Patienten vor Augen hat, der sieht allerdings auch die Schattenseiten und das Scheitern von Transplantationen, die qualvollen Wochen, wenn auch Ex- und Retransplantationen den Tod nicht aufhalten können und keinerlei neue Lebensmöglichkeiten – und sei es nur für kurze Zeit – gewonnen werden konnten.

Das Transplantationsgesetz schreibt vor, dass die Anfrage wegen einer möglichen Organspende erst nach abgeschlossener Hirntod-Diagnostik gestellt werden darf. Ich bin aber überzeugt, dass es gut wäre, wenn schon vorher für die Angehörigen klar wird, dass diese Anfrage auf sie zukommen kann beziehungsweise wird. Die Entscheidung muss erst später, nach der Feststellung des Hirntodes, erfragt und mitgeteilt werden, aber wenn kein Spenderausweis vorliegt, kann die Klärung schon vorher erfolgen. Ohne Zeitdruck. Ohne die Belastung, die durch die endgültige und zweifelsfreie Bestätigung des eingetretenen Hirntodes noch einmal auf die Angehörigen zukommt, wenn zudem noch weitere Probleme auftauchen wie die Frage nach der Obduktion oder die Freigabe der Leiche durch die

Polizei, wenn etwa die Umstände des Unfalls noch geklärt werden müssen.
In solchen Gesprächen können dann auch in Ruhe alle Befürchtungen und Bedenken zur Sprache kommen. So taucht immer wieder die Sorge auf, bei potenziellen Organspendern würde nicht alles medizinisch Mögliche getan oder der Tod würde schneller und nicht so sorgfältig festgestellt, wie es im Interesse des Sterbenden nötig wäre.
Die Schutzbedürftigkeit des Sterbenden muss der leitende Gesichtspunkt sein und bleiben. Deshalb ist es so entscheidend wichtig, dass die Zustimmung zur Organspende vorliegt, entweder in Form des Spenderausweises oder durch das gesicherte und bestätigte Wissen der Angehörigen, die ja nicht selber entscheiden sollen. Sie sollen die Entscheidung des Sterbenden stellvertretend äußern.
Die Gewissheit, dass die Organspende dem Willen des Sterbenden entspricht, ist wichtig für alle, die die schwierige Pflege von Hirntoten leisten müssen, für alle, die an der Explantation beteiligt sind, und vor allem für die Empfänger der Organe.
Schwierig wird es, wenn der ausdrückliche und schriftlich vorliegende Wille zur Organspende bei den Angehörigen oder einem Teil von ihnen auf Widerstand und Ablehnung stößt. Nur wenn kein Zeitdruck da ist und alle Bedenken geäußert werden können, kann es in einzelnen Fällen gelingen, eine Lösung zu finden, die den Willen des potenziellen Spenders ebenso ernst nimmt wie die Gefühle der Angehörigen.
Wie weit Angehörige von ihren eigenen Einstellungen und den momentanen Gefühlen absehen können, hängt auch davon ab, welche Phase der Krisenbewältigung im Vordergrund steht, ob Aggression oder Schuldgefühle dominieren oder ob schon Kräfte wach werden, den Abschied zu gestalten und dem sinnlosen Geschehen, dem man sich ausgeliefert fühlt, etwas Sinn abzuringen.
Dass der Seelsorger in solchen Gesprächen nicht Einfluss nimmt, aber zur Klärung beiträgt, ist selbstverständlich, wenn auch nicht immer einfach. Meine Vermutung ist, dass er sich leichter zurückhalten kann, wenn er selber Organspende und Hirntod bejaht. Dann mag für ihn eine Entscheidung gegen die Organspende vielleicht bedauerlich sein, aber es ist für ihn keine Frage von richtig oder falsch, gut oder böse. Sein Blickwinkel und sein Augenmerk gilt dem Sterbenden und dessen Angehörigen.

In diesen Gesprächen versuche ich auch darüber zu reden, wie der Abschied vom sterbenden Angehörigen geschehen könnte, denn im Falle der Organspende müssen sich die Angehörigen von einem Hirntoten verabschieden, der noch beatmet wird, dessen Körper noch den Eindruck eines Lebenden vermittelt.
Im anderen Fall können die Angehörigen dabei sein, wenn die künstliche Beatmung beendet wird und sich vor ihren Augen und unter ihren Händen spürbar die Veränderungen vollziehen, die der nachlassende Atem und der schwächer werdende Herzschlag mit sich bringen, wenn unübersehbar wird, wie der Hirntote zu einem Verstorbenen wird.
Selbstverständlich biete ich in beiden Fällen an, dabei zu sein, ein Gebet oder einen Abschiedssegen zu sprechen und die Angehörigen in diesen Stunden zu begleiten.
In diesen Gesprächen wird auch deutlich, wie schwierig es ist, hier die richtigen Worte und angemessenen Begriffe zu finden. Hinter dieser Schwierigkeit stehen verschiedene Probleme: Zum einen die schon erwähnte Spannung zwischen der medizinischen Diagnose und der sinnlichen Wahrnehmung, die einen völlig anderen Eindruck vermittelt von einem hirntoten Patienten, der noch beatmet wird, und einem Körper, aus dem jeder Atem und jeder Pulsschlag gewichen sind. Zum anderen der Streit, ob der Hirntod gleichzusetzen sei mit dem Tod der Person.
Aber auch die Deutungen, die die Angehörigen dieser letzten Phase geben, werden hier spürbar. Für viele Angehörige ist der, der aus Sicht der Medizin bereits tot ist, zwar unaufhaltsam auf dem Weg in eine andere, unbekannte Welt, aber doch noch für ihr Empfinden in einem Raum erfahrbarer Nähe. Noch sind Anrede und Zeichen der Liebe – zumindest einseitig – möglich, weil sie gebunden scheinen an die Nähe des (toten) Körpers. Und doch wird auch schon eine erste endgültige Trennung vollzogen, damit auch die anderen Schritte des Abschieds getan werden können.
So muten uns die Möglichkeiten der Intensiv-Medizin und die Hirntod-Diagnostik eine neue Todeserfahrung zu und eine neue Entscheidungssituation. Sie können den Tod hinauszögern und das Sterben verlängern. Was die Medizin kann, kann in Konflikt treten mit dem, was für den Patienten gut ist. Qualvoll wird es, wenn die Angehörigen das Sterben schon innerlich anzunehmen begonnen haben, aber die Regeln der Medizin das Ende der Behandlung noch nicht zulassen.

Diese Regeln wollen von ihrer Absicht her die Unverfügbarkeit des Lebens und seines Endes gewährleisten und sichern. Das Dilemma entsteht durch unsere weiter wachsenden Möglichkeiten, auf dieses Leben und sein Ende einwirken zu können, und durch unsere Verantwortung und Aufgabe, unser Leben und auch unser Sterben mitgestalten zu müssen und zu wollen.

6. Literatur

H. Friesacher, Psychosoziale Belastung des Intensiv-Personals, in: intensiv 1/93, S. 34

Claudia Greif und Petra Hoffmann, Pflegende begleiten durch die Krise, in: Pflegezeitschrift 7/99, S. 483

Martina Kerkmann, Die Intensiv-Station aus Sicht der Angehörigen, in: Die Schwester/Der Pfleger 7/97, S. 593

Christian Kupatt, An der Schwelle des Todes, München 1994

Fuat Oduncu, Hirntod und Organtransplantation, Göttingen 1998

Georg Seeßlen, Die Krankenhaus-Maschine, in: Erfolgreich behandeln – armselig sterben, hrsg. von Caudio Kürten/Klaus Döner, Gütersloh 1993

Erhard Weiher, Die Religion, die Trauer und der Trost, Mainz 1999

IV. Liturgien des Segnens im Krankenhaus

von Hans-Helmut Bayer und Kathrin Bayer-Stude

1. Segnungs- und Salbungsgottesdienste

1.1. Die Wiederentdeckung eines alten Rituals

»Ist jemand unter euch krank, der rufe zu sich die Ältesten der Gemeinde, dass sie über ihm beten und ihn salben mit Öl in dem Namen des Herrn.« (Jakobus 5,14)

Seit einigen Jahren sind evangelische Klinikseelsorger und Seelsorgerinnen dabei, in ihrem Dienst an den Patienten die Krankensalbung als sinnenfällige und körperlich erfahrbare Zusage von Segen als Handlungsmöglichkeit (wieder) zu entdecken. Die Salbung war seit der Zeit der Reformation als Handlung und Zeichen aus dem evangelischen Gottesdienst und der evangelischen Seelsorgepraxis verschwunden. In Luthers Taufbüchlein taucht sie zwar noch im Zusammenhang mit der Taufe auf, spielt aber später in der Praxis gelebten Glaubens keine Rolle mehr. Sie war wohl als eines der sieben im römisch-katholischen Bereich geltenden Sakramente durch die Missdeutung als »Letzte Ölung« suspekt geworden, war möglicherweise auch verdächtig, allzu leicht für magische Missverständnisse anfällig zu sein. Seit aus der »Letzten Ölung« durch das Zweite Vatikanische Konzil die immer wieder neu vollziehbare »Krankensalbung« geworden ist, haben sich evangelische Bedenken verringert, so dass in der protestantischen »praxis pietatis« ein unbefangenerer Umgang mit vormals »katholisch« besetzten Handlungsweisen möglich geworden ist (so z.B. auch der Brauch, sich zu bekreuzigen).

Neben der Krankensegnung, die schon immer zum selbstverständlichen Instrumentarium der Seelsorge im Krankenhaus gehört hat, ist nun also gewissermaßen als »Erweiterung« des Segenshandelns auch die Krankensalbung zum festen Bestandteil seelsorgerlicher Praxis geworden. Sie scheint sich zwar eher im Stillen und ohne großes Aufsehen zu etablieren, stellt aber als biblisch gut begründete seelsorgerliche und liturgische Handlung eine unbestreitbare Bereicherung dar, auch

wenn ihr gelegentlich noch etwas unsicher und befangen begegnet wird.
Inzwischen liegen verschiedene Ordnungen für den Einsatz der Krankensalbung im gottesdienstlichen Rahmen vor.[22] Sie verstehen sich insbesondere als Angebote, die der Gefahr der Privatisierung wehren wollen: Die benutzten Texte und Formen sollen vom Gottesdienst der Gemeinde her den Patienten nach Möglichkeit vertraut sein. Gleichwohl bleibt die Auswahl der Worte, Gebete, Handlungen, die in der jeweiligen und immer unterschiedlichen Situation im Krankenhaus angebracht und angemessen sind, immer der seelsorgerlichen Verantwortung und oft genug mühsamen Suche des oder der Handelnden überlassen.
In unserem Dienst in der Krankenhausseelsorge an den Kliniken in Günzburg bieten wir die Krankensalbung seit 1992 an und sind immer wieder erstaunt, wie gerne sie von evangelischen Patienten angenommen wird, für die sie ja in aller Regel neu und ungewohnt ist. Wir praktizieren sie im Rahmen von monatlich stattfindenden Krankensegnungsgottesdiensten in der Krankenhauskapelle, aber auch bei Segnungsfeiern am Krankenbett und bei Abschiedsritualen bei Sterbenden.
Gegebenenfalls bitten wir dabei um die Teilnahme der Angehörigen und ermuntern sie bewusst, ihren scheidenden Familienmitgliedern mit der Salbung von Stirn und Handflächen durch die Bezeichnung mit dem Kreuzzeichen noch einen segnenden Liebesdienst zu tun, wo sonst nichts mehr zu tun ist. Eine Enkeltochter, die sich so von ihrem Großvater verabschiedet, ein Vater von seiner Tochter, ein Ehemann von seiner Frau. Für alle ist auf diese Weise ein »Tun« möglich, das dabei hilft, die eigene Hilf- und Sprachlosigkeit auszuhalten, der Liebe eine Gestalt zu geben, und Gottes Segen an diesem wichtigen Punkt der gemeinsamen Lebensgeschichte durch die eigenen Hände »fühlbar« zu machen.
Für den »Krankensegnungsgottesdienst« haben wir uns im Laufe der Zeit eine Form erarbeitet, die sich einerseits an feststehenden Elementen orientiert, andererseits aber auch Raum für alternative Bausteine und Texte lässt. Er entspricht etwa einem Predigtgottesdienst mit integrierter Beichte und Segnungshandlung.

---

22 Z.B. in der Agende III, Teil 4, »Dienst an Kranken« der VELKD, Hannover 1994, oder in Handreichungen verschiedener Landeskirchen

In der Regel wird der Gottesdienst in die Krankenzimmer übertragen und muss deshalb auch die Bedingungen eines »Rundfunkgottesdienstes« mindestens teilweise erfüllen, d.h., klarste Sprache in Form und Inhalt ist angesagt, Kürze und Prägnanz sind ein Muss. Wichtig sind gut unterscheidbare »Blöcke« und der lebendige Wechsel zwischen Text, Lied und musikalischer Ausgestaltung.
Unser evangelischer Krankensegnungsgottesdienst findet in einem überwiegend katholisch geprägten Umfeld statt, also unter Diasporabedingungen und daher auch unter den zwar wohlmeinenden aber nicht unkritischen Augen von in der Regel immer anwesenden katholischen Besuchern, die sich hier ja auf recht vertrautem Boden befinden.
Da es nicht darum gehen kann, katholische Formen – womöglich unzureichend – zu »kopieren«, ist die gründliche Vorbereitung und liebevolle Ausgestaltung um so wichtiger. Deshalb sind die »normalen« Bausteine aus dem vertrauten Predigtgottesdienst hilfreich und schaffen für Gottesdienstbesucher und Seelsorger gewohnten Raum, in dem man sich zuhause fühlt. Einzelne Bausteine des Krankensegnungsgottesdienstes sind auch Bestandteil der Krankensegnungsfeiern bei bettlägerigen Patienten.
Im folgenden stellen wir als Anregung zur Erarbeitung eigener Formen den Entwurf eines Krankensegnungsgottesdienstes (einschließlich Predigt), die Segnung bei einem Sterbenden und einen Gebets- und Segnungsgottesdienst um Heil und Heilung vor und bieten zu einzelnen Bausteinen auch Alternativtexte an.
Die Aussegnung von Verstorbenen ist ebenfalls ein wichtiger seelsorgerlicher Dienst, insbesondere für die Angehörigen und die Menschen, die den Verstorbenen gepflegt und bis zuletzt begleitet haben, und gehört ebenfalls zu den häufigen Segnungshandlungen im Krankenhaus.

1.2. Zum Ablauf des Krankensegnungsgottesdienstes

Nach einem musikalischen Vorspiel geschieht die Begrüßung in der Regel mit einem Votum, beziehungsweise Friedensgruß und mit freien Worten. Oft wird der Wochenspruch aufgenommen. In der Hinführung wird der Gottesdienst mit der integrierten Krankensegnung und -salbung vorgestellt und zur persönlichen Teilnahme eingeladen. Dabei wird u.a. Jakobus 5,14–16 gelesen.

Die Auswahl der Lieder und Texte (Psalm beziehungsweise Eingangsgebet, Lesung, die zugleich Predigttext ist) folgt in der Regel dem Kirchenjahr. In der Predigt wird nicht um jeden Preis ein Bezug zur folgenden Segnungshandlung hergestellt (wie ja auch in einem normalen Gemeindegottesdienst mit der Feier des heiligen Abendmahls nicht jedes Mal eine Abendmahlspredigt gehalten wird), aber die Gnade des menschenliebenden Gottes, der sich uns bedingungslos zuwendet, wird in irgendeiner Weise zur Sprache kommen.
Die der Krankensegnung vorangehende Beichte ist nicht obligatorisch, aber nimmt unsere ganzheitliche Bedürftigkeit nach Heil und Heilung für Leib und Seele auf und ist gerade auch für die zuhörenden Gottesdienstteilnehmerinnen und -teilnehmer auf den Stationen von nicht geringer Bedeutung. Da, wo sie im Moment durch Handauflegung und Salbung nicht unmittelbar »angerührt« werden können, ist die zugesprochene Absolution »Balsam für die Seele«.
Dann wird zur Segnung eingeladen. Die Teilnehmerinnen und Teilnehmer stehen – ähnlich wie beim Abendmahlsempfang – im Halbkreis um den Altar. Die übrige Gemeinde wird gebeten, während der Salbung für die zu Segnenden zu beten. Die Segenshandlung beginnt mit einem Gebet, das die Lebenssituation der Patienten aufnimmt und vor Gott bringt. Ebenso wird die Bitte ausgesprochen, dass Gott das Salböl als Gabe seiner Schöpfung zum Zeichen seiner helfenden Nähe werden lässt. Dann tritt der Seelsorger oder die Seelsorgerin zu den Menschen, die sich segnen lassen möchten, legt ihnen beide Hände auf in der Stille und bezeichnet dann die Stirn und die Handinnenflächen des oder der zu Segnenden mit dem Kreuzzeichen.
Gesegnet wird mit der offenen Hand (den drei »Segensfingern«, nicht mit dem Daumen!), die der oder die Segnende zuvor in das Salböl getaucht hat. Dabei wird eine trinitarische Segensformel gesprochen. Den Abschluss bildet ein Dankgebet und das gemeinsam gesprochene Vaterunser, zu dem sich die Gottesdienstteilnehmerinnen und -teilnehmer die Hände reichen.
Als Salböl benutzen wir nicht – wie häufig vorgeschlagen – reines Olivenöl, sondern ein Chrisam, das wir selber mit Zutaten zubereiten, die in jeder Apotheke erhältlich sind (Rezeptur siehe Exkurs am Ende des Kapitels).
Der Gottesdienst wird wie üblich mit Entlassung und Segen beschlossen.

Nach dem Ausgangslied überreichen wir bei der Verabschiedung an der Kirchentür den Patientinnen und Patienten, die zur Krankensegnung kamen, eine Spruchkarte mit dem Segenswort, das ihnen zugesprochen wurde.
Für diejenigen, die den Gottesdienst auf Station über Kopfhörer mithören und -feiern, besteht die Möglichkeit, telefonisch beim Informationszentrum an der Pforte um den anschließenden Besuch des Pfarrers oder der Pfarrerin zu bitten und dabei die Krankensegnung zu empfangen. Darauf wird bei der Begrüßung am Anfang hingewiesen.

1.3. Beispiel: Krankensegnungsgottesdienst am 19. Sonntag nach Trinitatis

Hinführung

Dies wollen wir in diesem Gottesdienst heute tun:

- *Füreinander beten, dass wir Heilung finden,*
- *Gottes Wort uns zusprechen lassen im Segen, dass wir aufgerichtet werden,*
- *mit Salböl uns bezeichnen lassen mit dem Kreuz und im Namen des Herrn.*

Wir tun dies mit der Bitte des heutigen Wochenspruchs: »Heile du mich Herr, so werde ich heil; hilf du mir, so ist mir geholfen.« (Jer 17, 14)

oder

Im Mittelpunkt des heutigen Gottesdienstes soll der Zuspruch von Gottes Segen stehen, für jeden persönlich, der dies für sich wünscht. Nach gut biblischem Brauch wollen wir dabei die Segnung mit der Salbung verbinden. So lesen wir im Jakobusbrief:
»Ist jemand unter euch krank, der rufe zu sich die Ältesten der Gemeinde, dass sie über ihm beten und ihn salben mit Öl in dem Namen des Herrn. Und das Gebet des Glaubens wird dem Kranken helfen, und der Herr wird ihn aufrichten; und wenn er Sünden getan hat, wird ihm vergeben werden. Bekennt also einander eure Sünden und betet füreinander, dass ihr gesund werdet.« (Jak 5, 14–16)

Lied

Psalm 27
nach Peter Spangenberg, Höre meine Stimme, Hamburg 1995, S. 38

Evangelienlesung
Markus 1,32–39

Credo
D. Bonhoeffer, Aus der Haft[23]
Ich glaube, dass Gott aus allem, auch aus dem Bösesten, Gutes entstehen lassen kann und will. Dafür braucht er Menschen, die sich alle Dinge zum Besten dienen lassen.
Ich glaube, dass Gott uns in jeder Notlage soviel Widerstandskraft geben will, wie wir brauchen. Aber er gibt sie nicht im voraus, damit wir uns nicht auf uns selbst, sondern allein auf ihn verlassen. In solchem Glauben müsste alle Angst vor der Zukunft überwunden sein.
Ich glaube, dass auch unsere Fehler und Irrtümer nicht vergeblich sind, und dass es Gott nicht schwerer ist, mit ihnen fertig zu werden als mit unseren vermeintlichen Guttaten.
Ich glaube, dass Gott kein zeitloses Fatum ist, sondern dass er auf aufrichtige Gebete und verantwortliche Taten wartet und antwortet. Amen.

Lied

Predigt über die Evangelienlesung
Liebe Gemeinde!
So stellen wir uns Jesus wohl vor; das passt in unser Bild: »Er half vielen Kranken, die mit mancherlei Gebrechen beladen waren«. So hätten wir ihn gerne: Jesus, der die Menschen heilt – damals und auch heute. Jesus, der sich allen Menschen zuwendet, barmherzig, immer und überall im Einsatz um die Not zu lindern. Jesus – wahrer Mensch ja!, aber doch nicht so, dass er Ruhepausen und Schlaf bräuchte.
Den ganzen Tag war Jesus auf den Beinen. Pausenlos haben sie die Kranken auf ihren Bahren in das Haus geschleppt; wer noch konnte, kam selbst angehumpelt. Die ganze Stadt, so berichtet Markus, war unterwegs. Jeder hatte irgendein Anliegen an diesen Jesus: »Endlich wieder laufen können!« Ein anderer bittet: »Befreie mich von den

---

23 Siehe Fußnote 16, S. 71

Schmerzen.« Und aus der hintersten Ecke des Raumes kommt nur noch ein leises Stöhnen. Alle haben sie nur einen Wunsch: »Hauptsache wieder gesund!«
Ein sehr verständlicher Wunsch, den Sie als Patienten gewiss sofort unterschreiben würden. Wir möchten uns gerne einreihen in die Schar der Bittsteller. Auch wir versuchen zu Jesus vorzudringen.
Doch dann heißt es auf einmal: »Er ist nicht mehr da, er hat sich zurückgezogen.« Jesus entzieht sich den weiteren Ansinnen. Am Ende eines langen Tages ist er leise zur Hintertür hinausgegangen. Er kennt sich aus in Kapernaum und weiß, wo es ein ruhiges Fleckchen gibt. Jesus weiß vor allem, was er jetzt braucht. Er braucht einen Ort, wo er zur Ruhe kommen und Kraft schöpfen kann.
Mehrmals wird in den Evangelien von Jesus berichtet, dass er immer wieder die Stille suchte. Er braucht die Nähe zu Gott, das Gebet, den Dialog mit seinem himmlischen Vater. Bei ihm kann er all das, was da den lieben, langen Tag auf ihn einstürmt, auch wieder abgeben:
»Vater, nimm diesen Tag zurück in deine Hände. Ich habe getan, was ich tun konnte, es ist genug. Die Menschen starren sonst nur auf das Äußere: Das spektakuläre Wunder zieht sie an. Aber jede Heilung soll die Menschen doch auf dich hinweisen, auf den Ursprung allen Heils. Ich will die Menschen nicht nur vordergründig reparieren, sondern ich will sie wieder in Kontakt bringen mit dir, Gottvater.
Reden will ich von dir, predigen, ihnen erzählen und sie spüren lassen, dass du die Menschen liebst, auch in ihrer ganzen Erbärmlichkeit, mit ihren Schrunden und Wunden und Gebrechen: die sollen doch nicht zwischen ihnen und deiner Zuwendung stehen. Durch mich sollen sie deine Nähe erleben dürfen, sich geliebt und geborgen fühlen. Ich will sie in der Tiefe berühren und so die Verbindung zu dir erneuern. Das ist doch mein Auftrag, Vater hilf du mir dabei. Amen.«
Worte eines Gebets, das ich Jesus in den Mund gelegt habe. Aber warum sollte er nicht so gebetet haben? Im Bericht des Evangelisten Markus wird uns die Person Jesu in seiner Menschlichkeit und gleichzeitig seiner göttlichen Vollmacht gezeigt. In seinem »Nein« offenbart sich sein Auftrag. Er sagt Nein zu dem Ansinnen, ständig Reparaturmedizin zu betreiben. Er entzieht sich unserem Wunsch: »Beseitige die Symptome und dann bin ich gesund.«
Und im selben Atemzug sagt er nein zu allen lebensfeindlichen Geistern und Stimmen – in und um uns herum. Er bringt die Stimmen zum

Schweigen, die uns einreden wollen: »Du musst noch mehr leisten, du musst besser sein, schneller, leistungsfähiger.« Er verbietet den Geistern das Wort, die uns immer den Spiegel vorhalten und raunen: »Andere sind viel schöner, viel klüger und besser als du!« Er macht die Dämonen mundtot, die uns nur immer wieder runterziehen wollen in die Angst und den Neid.

Alle lebensfeindlichen Geister bringt Jesus zum Schweigen. Er verweigert sich dem rastlosen Tun und zieht sich zurück in die Stille – ins Gebet. »Hier«, sagt Jesus, »erlebe ich Gottes Nähe: wohltuend, aufbauend, heilend.« Und er lädt seine Jünger ein, mit ihm zu kommen. Anderswohin. Raus aus dem Lärm. Hinein in die Ruhe des Gebets. Nur da vernehmen wir die Worte, die Heilung in Gang setzen.

Unsere Kapellen und Kirchen hier im Krankenhaus bieten sich als Orte der Stille und des Gebets an. Für manchen sind sie schon zum Ausgangspunkt neuen Lebens geworden. Jeden Tag finde ich Einträge in den Fürbittbüchern, die am Ausgang aufliegen. Menschen bitten zu Gott in der Stille. Aber auch Dank spricht aus vielen Zeilen: Danke, Herr, für deine Hilfe. Danke, für die Zeit hier im Krankenhaus. Hier habe ich wieder zu mir selber gefunden.

Wir wissen heutzutage – nicht zuletzt durch die psychosomatische Medizin, dass Gesundheit mehr ist, als das Fehlen einer Krankheit, dass Heil und Heilung nicht allein durch die Beseitigung körperlicher Symptome geschieht. Manchmal begegnen wir ja sogar Menschen, die trotz schwerster körperlicher Beeinträchtigungen gesünder auf uns wirken, als andere, die frei sind von Beschwerden.

Dass es außer dem medizinisch-pflegerischen Angebot auch Klinikseelsorge an einem Krankenhaus gibt, hat auch mit diesem Wissen um Heil und Heilung zu tun. Die vielen Einträge in den Fürbittbüchern signalisieren uns, dass Menschen ein gutes Gespür dafür haben, dass sie für ihr Heil mehr benötigen, als nur die richtige Tablette oder die erforderliche Operation.

Menschen, die Wege aus der Krankheit suchen, sind von Jesus gut beraten, wenn sie wie er einen Ort der Stille vor Gott aufsuchen: im Gebet sind sie mit ihm im Gespräch und dürfen spüren, wie Unheil weicht, wie Verbitterung sich löst, wie Hoffnungslosigkeit schwindet. So gehen sie den Weg, den Jesus seinen Jüngern damals in Kapernaum gezeigt hat, der gleiche Weg, auf dem auch wir Gottes segnende, heilende Nähe erfahren dürfen.

Jesu Einladung gilt auch uns heute: Lass dich in der Tiefe neu anrühren von Gott. Such ihn in der Stille des Gebets. Gott wird dich finden, seine segnende Hand wird dich umfangen und dir die Quelle des Heils aufschließen. Vertraue darauf, dass dir zufließt, was du zum Heil nötig hast und was Heilung möglich macht, sogar dann, wenn Genesung versagt bleibt. Amen.

Lied

Beichte und Absolution

Wir wollen in diesem Gottesdienst füreinander beten und uns Gottes Segen zusprechen lassen. Lasst uns zuvor in der Beichte an das denken, was uns von Gott und voneinander trennt und Gott in der Stille sagen, was uns belastet.

Stille

Lasst uns vor Gott treten, so wie wir sind,
lasst uns beten:

Ich komme zu dir, Gott,
belastet mit Unheil an Leib und Seele.
Hier bin ich, mit meiner Dunkelheit, mit meiner Angst,
mit meiner Krankheit, mit meiner Sorge,
mit meiner Verzweiflung, mit meinem Leid.

Ich weiß nicht, warum es in mir dunkel ist, warum ich krank bin, warum ich leiden muss.
Aber das Dunkel bedrängt mein Leben,
mein Leid trennt mich von meinem Nächsten.
Darum fliehe ich zu dir, Gott,
denn du hast das Unheil und das Leid der Welt getragen
und verheißen, es zu heilen.

So bitte ich dich:
Lass mich wieder heil werden, schenke mir neues Leben in meine Dunkelheit hinein, hebe auf, was trennt.

Stille

Hier bin ich Gott, belastet mit meiner Schuld, für die ich Verantwortung trage. Ich habe getan, was anderen und mir selber Schaden zufügt. Ich habe unterlassen, was anderen und mir selber gut tut. Meine Schuld trennt mich von meinem Nächsten und von dir, Gott.

Selber kann ich mich nicht entlasten, aber du kannst mir zusprechen, dass meine Schuld nicht mehr gelten soll.
So bringe ich sie vor dich, Gott, und bitte dich:
Vergib mir meine Schuld und lass mich heil werden,
Gott, sei mir Sünder gnädig...

Ist dies eure aufrichtige Bitte, so antwortet: Ja.

Osterkerze entzünden

Jesus Christus spricht: Ich bin das Licht der Welt.
In seinem Namen und in der Vollmacht, die er seiner Kirche gegeben hat, spreche ich euch frei, ledig und los.
Was euch belastet, soll nicht mehr auf euch liegen,
was euch gefangen hält, soll euch nicht mehr binden.
Worin ihr schuldig geworden seid, das hat euch Gott vergeben. Ihr dürft leben als freie, geliebte Kinder des lebendigen Gottes.

† Im Namen des Vaters und des Sohnes und des Heiligen Geistes.
So spricht der Herr:
Ich will meinen Geist in Euch geben
und will solche Leute aus euch machen,
die in meinen Geboten wandeln
und meine Rechte halten und danach tun. (Hes 36,27)

oder
So spricht der Herr:
Mir hast du Arbeit gemacht mit deinen Sünden
und hast mir Mühe gemacht mit deinen Missetaten.
Ich, ich tilge deine Übertretungen um meinetwillen
und gedenke deiner Sünden nicht.
(Jes 43,24f.)

Lied

Krankensegnung und Salbung

Gottes Liebe gilt uns unmittelbar: Durch seinen Segen wird sie uns zugesprochen und durch das Zeichen der Salbung werden wir in ihr gestärkt an Leib, Seele und Geist.

Wer diese Stärkung für sich empfangen möchte, ist jetzt herzlich eingeladen, nach vorne zum Altar zu kommen. Bei der Auflegung der Hände beten wir jeweils alle in der Stille für diesen Menschen. – Gott, der Herr, sei uns jetzt nahe und schenke allen, die ihn von Herzen darum bitten, Heil und Heilung.

Die zu Segnenden stellen sich im Halbkreis um den Altar, (auf Gebrechliche achten, die möglicherweise nicht alleine nach vorne kommen können, Stühle bereithalten)

Gebet

Lasst uns beten:

Herr Jesus Christus, du Freund und Bruder aller Menschen. Du hast dich der Kranken erbarmt und sie geheilt an Leib und Seele.

Du trägst auch unsere Krankheit bis in die Verlassenheit des Kreuzes. Wir danken dir für deine Geduld und Liebe.

Wir bitten dich jetzt für diese Menschen, die sich von deiner Liebe anrühren lassen möchten und deinen Segen erbitten:

Schenke ihnen den Glauben, der dir vertraut und die Gewissheit, dass du ihre Krankheit zum Heil wenden kannst.

Gott, unser Vater, du schenkst uns dein Erbarmen und nimmst dazu die Gaben der Schöpfung in deinen Dienst. Wir bitten dich: Lass dieses Salböl zum Zeichen deiner heilenden Nähe und rettenden Kraft werden.

Gott, Heiliger Geist, du kennst die Sorgen und Schmerzen, die Angst und Verzweiflung der Menschen. So bitten wir dich jetzt um rechten Trost für die Seele, um Erleuchtung und Klarheit für den Geist und um den Mut, das Leben neu zu wagen. Amen.

Segnung/Salbung mit Handauflegung und Segensworten

Der/die Segnende tritt zu jedem und jeder Einzelnen im Halbkreis vor dem Altar, fragt nach dem Namen, legt beide Hände auf und betet in der Stille. Dann taucht er/sie die Finger der rechten Hand in das Salböl (die Tonschale/Patene von jemanden halten lassen) und macht das Kreuzzeichen auf Stirn und Handinnenflächen. Dabei spricht er/sie ein Segenswort.

Segensworte
Ich segne dich und ich salbe dich im Namen des Vaters und des Sohnes und des Heiligen Geistes. Der allmächtige Gott helfe dir in seinem reichen Erbarmen. Er stehe dir bei mit der Kraft des Heiligen Geistes. Er richte dich auf in seiner Gnade. Friede sei mit dir. Amen.

oder
Du wirst gesegnet und gesalbt im Namen des dreieinigen Gottes, des Vaters, des Sohnes und des Heiligen Geistes. Er richte dich auf durch die heilende Macht seiner Liebe. Friede sei mit dir. Amen.

oder
Gott Vater, Sohn und Heiliger Geist schenke dir seine Gnade, Schutz und Schirm vor allem Argen, Stärke und Hilfe zu allem Guten, dass du bewahrt wirst zum ewigen Leben. Friede sei mit dir. Amen.

oder
Gott, der Vater, segne dich und behüte dich. Der Herr Jesus Christus lasse sein Angesicht leuchten über dir und sei dir gnädig. Gott, der Heilige Geist erhebe sein Angesicht auf dich und gebe dir Frieden. Amen.

oder
Gottes Segen komme über dich: Gott, unser Vater, möge dich halten, damit du nicht fällst.
Jesus Christus, unser Bruder, möge dich begleiten, damit du nicht in die Irre gehst.
Gott, der Heilige Geist, möge dich trösten, damit du den Mut nicht verlierst. Friede sei mit dir. Amen.

oder (als Anrede an alle, mit erhobenen Segenshänden)
Gott, der dich kennt und wahrnimmt, lasse zu deiner Erfahrung werden, was er dir zugesagt hat:

Bei dir zu sein in Angst und Unsicherheit,
zu dir zu stehen in Ausweglosigkeit und Verlassenheit,
dich zu trösten, wenn du bekümmert bist,
sich deine Bedürftigkeit zu Herzen zu nehmen, was immer auf dir lastet.
Er schenke dir, was du dir selbst nicht geben kannst: wachsendes Vertrauen mitten in den Widersprüchen dieses Lebens. Amen.

Anschließend Einzelsegnung
Ich segne dich und ich salbe dich im Namen des dreieinigen Gottes, des Vaters und des Sohnes und des Heiligen Geistes. Friede sei mit dir. Amen.

oder (ebenfalls als Anrede)
Gott, der Herr, segne euch:
Gott, der Vater, halte euch in seinen guten Händen, wenn die Angst da ist, ihr könntet fallen.
Jesus Christus, unser Bruder, stehe euch zur Seite, damit ihr nicht allein seid in all den Dingen, die auf euch zukommen.
Sein Heiliger Geist, mache euch Mut und richte euch auf, dass ihr den Weg findet, der euch zum Leben führt. Amen.

Anschließend Einzelsegnung oder andere bekannte, etwa irische Segensworte und anschließende Einzelsegnung.

Dankgebet
Lobe den Herrn, meine Seele, und was in mir ist seinen heiligen Namen!
Lobe den Herrn, meine Seele, und vergiss nicht, was er dir Gutes getan hat:
der dir alle deine Sünden vergibt und heilet alle deine Gebrechen,
der dein Leben vom Verderben erlöst,
der dich krönt mit Gnade und Barmherzigkeit! (Ps 103, 1–4)

oder
Von guten Mächten wunderbar geborgen,
erwarten wir getrost, was kommen mag.
Gott ist mit uns am Abend und am Morgen
und ganz gewiss an jedem neuen Tag.[24]

---

24 siehe Fußnote 16, S. 71

dann
Guter Gott, wir danken dir von Herzen, dass du uns berührt hast an Leib und Seele mit deiner Liebe und Treue. Du hast uns mit Gnade und Barmherzigkeit beschenkt, du hast Frieden in uns einkehren lassen.
Wir bitten dich: Lass den Segen, mit dem du uns zu unserem Heil erfüllst, auch zum Segen werden für unsere Nächsten. Lass uns als Getröstete anderen zum Trost werden und als Ermutigte Verzagten neue Zuversicht geben.
Lass uns jetzt mit neuer Kraft sichere Schritte ins Leben tun. Mit deinem Segen zeigst du uns auf unserem Weg immer wieder das Ziel: geheiltes, heiles, heiliges Leben unter deinem liebenden Angesicht. Danke, Herr. Amen.

Vaterunser
Alles, was wir Gott jetzt noch anvertrauen möchten, alles fürbittende Gedenken für die Menschen, denen wir verbunden sind, fassen wir in die Worte, die Jesus Christus uns vorgesprochen hat: Vater unser …

Sendung und Segnung
So spricht der Herr:
Fürchte dich nicht, ich bin mit dir; weiche nicht, denn ich bin dein Gott. Ich stärke dich, ich helfe dir auch, ich halte dich durch die rechte Hand meiner Gerechtigkeit.
Es segne und behüte euch der allmächtige und barmherzige Gott, † der Vater, der Sohn und der Heilige Geist. Amen.

Lied – Nachspiel

1.4. Fazit

Die Krankensegnungsgottesdienste sind aus dem gottesdienstlichen Angebot an den Kliniken in Günzburg schon lange nicht mehr fortzudenken. Zu unseren Gottesdienstbesuchern aus dem Kreiskrankenhaus gesellen sich meistens einige Gemeindemitglieder von außerhalb, die durch den Gemeindebrief oder eine Zeitungsnotiz auf den Segnungsgottesdienst aufmerksam geworden sind. Dazu kommen unterschied-

lich große Patientengruppen des benachbarten Psychiatrischen Bezirkskrankenhauses.
Eingeladen wird durch Aushang des Gottesdienstplans, durch Hinweise in den Schaukästen, durch eine Ansage in der Rundsprechanlage der Klinik und direkt bei den Krankenbesuchen.
Bisher kam es noch nie vor, dass das Angebot der persönlichen Segenszusage und Salbung von niemandem wahrgenommen worden wäre. Meistens kommen etwa ein Drittel bis zu drei Viertel der Gottesdienstbesucher, sich segnen zu lassen.
Manche Patienten, vor allem Langzeitpatienten aus der Psychiatrie, kommen immer wieder und freuen sich über dieses Angebot: »Seit meiner Konfirmation hat mich niemals mehr jemand persönlich gesegnet! Diese Erfahrung tut mir jetzt einfach gut!«
Eine besonders wichtige Erfahrung ist die Segnung für Suchtpatienten, die nach der Entgiftung und mehreren Wochen Aufenthalt zu einer Langzeittherapie in eine Fachklinik gehen. Für sie kann die persönliche Segenszusage die Markierung eines Wendepunktes in ihrer Biographie bedeuten.
Ähnliche Erfahrung haben wir auch mit schwer depressiven Patienten gemacht, die manchmal zusätzlich mit einer Schuldproblematik zu kämpfen haben. Gesegnet werden bedeutet für sie, von Gott in ihrer Verlassenheit und Perspektivlosigkeit gefunden und berührt zu werden. Hier gibt es interessante Verläufe.
Jemandem einen Segen zusprechen, das kann und darf im Prinzip jedermann/jedefrau. Segnen und Salben ist Tun, ist Geschehen, lebt im Vollzug und ist immer eine unmittelbare und ganz persönliche Erfahrung.
Erfahrungen kann man nicht vermitteln, Erfahrungen kann man nur selber machen. Wer also etwas über Segnen und Salben wissen will, muss es tun, geschehen lassen, vollziehen, als Segnender oder als Gesegneter. Aber wenn wir Seelsorger nicht damit anfangen, von wem sonst will man es dann erwarten?

2. Gebetsgottesdienst um Heil und Heilung

2.1. Ängste und Hoffnungen vor Gott bringen

Der frühe Sonntagabend ist für diesen stillen Gebetsgottesdienst eine gute Zeit: Für die Patientinnen und Patienten von den verschiedenen Stationen des Bezirkskrankenhauses Günzburg (Psychiatrie, Neurologie, Neurochirurgie) ebenso, wie für treue Besucher von »draußen«. Es geht um »Heil und Heilung«, um stilles Gebet und frei formulierte Fürbitte, um das Geborgensein in der Mitte der kleinen, betenden Gemeinde und um das Angerührt-Werden durch Segenswort und Segensgeste.

Der Gottesdienst entstand aus der großen Not einer Familie, die um das Leben der leukämiekranken 16-jährigen Tochter betete. Über ein Jahr lang begleiteten Freunde und Nachbarn Woche um Woche im Gebet das nervenaufreibende Warten bis zum Finden des geeigneten Knochenmarkspenders, die bange Zeit der Chemotherapie und Transplantation und schließlich die erlösenden Wochen, in denen sich der Erfolg der geglückten Transplantation abzeichnete.

Nach einem Dankgottesdienst ein halbes Jahr später, stellte sich heraus, dass dieses regelmäßig stattfindende Gebet längst zu einem öffentlichen Gebets- und Segnungsgottesdienst geworden war, zu dem immer wieder neue Mitbeter stießen, insbesondere aus dem Kreis der Krankenhausgemeinde. Seitdem findet er regelmäßig in monatlichem Abstand statt.

Aus der ursprünglichen Form, die ihr Vorbild in den Heilungsgottesdiensten an der Kathedrale von Coventry hatte, ist ein der Situation entsprechendes, schlichtes Formular entstanden. In ihm haben sowohl gebundene als auch freie Sprache, sowohl gefülltes Schweigen als auch segnende Handlung Aufnahme gefunden. Nur selten gibt es eine Lesung, niemals eine besondere Textauslegung. Jede und jeder, der oder die erstmals dazu kommt, kann sich ohne äußeren Druck in der Weise und in dem Ausmaß mit einbringen, wie es ihm oder ihr angemessen erscheint.

2.2. Beispiel

Begrüßung
Wir begrüßen die öffentlich(!) eingeladene Gemeinde in der Regel ohne Talar. Dazu sprechen wir ein Votum (Wochenspruch, beziehungsweise Losung oder ein anderes kurzes Wort). Die Kapelle ist mit Kerzen nur sparsam beleuchtetet. Gelegentlich laden wir zu einem dem Kirchenjahr entsprechenden Eingangslied ein.

Entspannung und Stille
Danach nehmen wir in der Gemeinde Platz und führen mit einer entspannenden Körperübung (z.B. EG Ausgabe Bayern/Thüringen, 722, S. 1220, Meditative Andacht) und entsprechenden Hinweisen in die Stille:
Wir bedenken in der Stille, was uns in diesen Tagen beschäftigt ..., wofür wir dankbar sind ..., wessen Not uns bedrängt..., was wir besonders vor Gott bringen wollen ...

Lob und Klage
Nach angemessener Dauer der Stille (lieber zu lang als zu kurz!) eröffnen wir das Gebet, z.B. mit einem Psalm, beziehungsweise einem vorformulierten oder auch frei gesprochenen Lobpreis Gottes, der auch den Dank mit aufnimmt: Lob der Schöpfung, der Größe Gottes, Dank für Bewahrung, für geschenkte Zeit, für erfüllte Verheißung, für gelungenes Leben, für Gebetserhörung, für wiedererlangte Gesundheit, usw.
Dem Lob folgt nach einer Zäsur die Klage: Vor Gott gebracht werden aktuelle Notsituationen im öffentlichen Leben: von Naturkatastrophen über Krieg und Arbeitslosigkeit bis zur Not, die durch unser eigenes schuldhaftes Verhalten entsteht. Hier hat auch das »Confiteor« seinen Platz. Ein Kyrieruf »Herr, erbarme dich!« schließt diesen ersten Gebetsteil ab.

Fürbitten für andere
Es folgen die Fürbitten für bestimmte Menschen, deren Krankheit oder Lebenssituation die Betenden vor Gott bringen möchten. Sie werden eingeleitet etwa mit folgenden Worten:
Guter Gott, wir nennen dir die Menschen, die uns heute besonders am Herzen liegen. Du weißt um ihr Geschick, du kennst ihre Angst und

ihre Schmerzen. Herr höre uns, wenn wir jetzt bitten für N.N. in X-Stadt …«

Nach einer kurzen Gebetstille: *»Danke, Herr!«*

Der nächste Beter bringt den nächsten Namen in gleicher Weise vor Gott. Es bleibt ihm dabei unbenommen, es nicht beim bloßen Nennen des Namens zu belassen, sondern, ähnlich wie in einem Hauskreis, auch das besondere Gebetsanliegen zu formulieren. Jede Fürbitte wird mit dem *»Danke, Herr!«* beendet.

Wir beschließen die Reihe der Fürbitten, wenn durch eine längere Pause klar wird, dass alle Namen genannt sind. Die einzelnen Bitten werden zusammengefasst, indem wir für alle Genannten um Heil und Heilung bitten und auch die Patientinnen und Patienten des Krankenhauses (und aller Krankenhäuser!) ins Gebet mit einschließen. Wir bitten Gott nochmals um Erhörung, wenn die Betenden jetzt für sich selber bitten werden.

Fürbitten für uns selbst

Danach erheben sich alle, die das möchten, und schließen sich vor dem Altar zu einem Gebetskreis zusammen. Auf einem Stuhl in der Mitte kann nun Platz nehmen, wer den Wunsch hat, dass die Gruppe für ihn persönlich betet. Jemand aus dem Kreis (nur selten ist das der Pfarrer oder die Pfarrerin) tritt hinter den Sitzenden, die Sitzende, erfragt den Namen und legt ihm die Hände auf. Dabei findet keine unmittelbare Berührung statt, sondern es wird ein Hauch Abstand gelassen. Der oder die Segnende spricht:

»Lasst uns beten für …«

Alle halten sich bei der folgenden Gebetsstille an den Händen, die beiden links und rechts vom Segnenden berühren diesen an den Schultern, so dass der Kreis geschlossen ist. Nach einer Weile wird das stille Gebet wieder beendet mit:

»Danke, Herr!«

Manchmal, wenn dies zuvor mit dem betreffenden Menschen besprochen wurde, wird die Gebetsstille auch abgeschlossen mit der Salbung und einem zugesprochenen Segenswort (s. Segnungsgottesdienst).

Danach kann der nächste Platz nehmen.

Vaterunser und Segen

Wenn deutlich ist, dass sich niemand mehr setzen möchte, wird der

Gebetskreis abgeschlossen mit der Bitte um Heil und Heilung für alle, die jetzt anwesend sind, durch einen abschließenden Lobpreis (etwa Ps 103 oder Bonhoeffers »Von guten Mächten«) und das gemeinsam gesprochene Vaterunser. Mit dem Segen werden die Beter in die Nacht und in die neue Woche entlassen. Gelegentlich wird ein Abendlied zum Beschluss gesungen.

2.3. Fazit

Das gemeinsame Gebet hat im agendarischen Sonntagsgottesdienst nicht allzu viel Platz und ist dort in aller Regel in vorformulierte Sprache eingebunden: Psalm, Glaubensbekenntnis, Vaterunser. Aber gerade die Möglichkeit, die unmittelbare Betroffenheit durch eigenes oder fremdes Glück oder Unglück, Dank und Klage, Bitte und Fürbitte mit persönlichen Worten vor Gott bringen zu können und dabei begleitet zu sein durch die Gemeinschaft der Mitbetenden, wird am Sonntagmorgen häufig vermisst.

Allgemein gehaltene, anonyme, »große Kirchengebete« können für den Einzelnen nicht die Bedeutung haben wie etwa die Nennung seines Namens in einem Gebet, das sein persönliches Anliegen vor Gott bringt. Ebenso ist es mit dem unmittelbar zugesprochenen Segen und mit der Geste der Handauflegung: das berührt den Einzelnen tiefer als etwa der allgemeine Schlusssegen vor dem Verlassen der Kirche.

Dass diese persönliche Gebets- und Segenserfahrung nicht auf den eher privaten Raum eines Hauskreises begrenzt bleiben muss, sondern in einem »regulären«, öffentlichen Gottesdienst beheimat sein kann, das ist die Möglichkeit und Chance dieses vorgestellten Gebetsgottesdienstes um Heil und Heilung.

Heil und Heilung sind nicht in unserer Hand, sondern sie sind immer Gottes Geschenk an uns. Wir können einerseits nur darum bitten und brauchen uns andererseits nur beschenken zu lassen. Aber als wir einmal damit angefangen hatten mit dem Bitten und dem Sich-beschenken-Lassen, haben wir bald gemerkt, dass wir von Mal zu Mal mehr Grund haben zum Danken …

3. Segnung eines sterbenden Patienten und Aussegnung eines Verstorbenen

3.1. Dem Ende eines Menschenlebens Gestalt geben

Als Krankenhauspfarrerin, die in einem vorwiegend katholischen Umfeld arbeitet, werde ich zu evangelischen Patienten, die im Sterben liegen, genauso selbstverständlich dazugerufen wie mein katholischer Kollege zu den katholischen.

Manchmal erlebe ich dabei eine gewisse Irritation bei neu hinzugekommenem Pflegepersonal, ob ich die Patienten denn auch »versehe«. Gemeint ist damit der für Katholiken verbindliche sakramentale Dreischritt der Sterbebegleitung, der die Beichte mit Absolution, den Empfang der Eucharistie und die Krankensalbung umfasst. Man will wissen, was evangelische Seelsorge im Angesicht des Todes an Hilfe und Begleitung anbietet, und es besteht Unklarheit darüber, inwieweit sich mein Dienst von dem des katholischen Seelsorgers unterscheidet.

Ich spüre das Interesse für meine Arbeit und gleichzeitig Informationsbedarf. Darum suche ich bei jedem seelsorgerlichen Einsatz insbesondere auf den Intensivstationen das Gespräch mit den Pflegenden und lade dazu ein, nach Möglichkeit dabeizusein, wenn ich den sterbenden Patienten mit Gebet, Lesung und Segenshandlung aus diesem Leben verabschiede und ihn »zurückgebe« in die Hände Gottes.

Dieses Angebot wird fast immer wahrgenommen und das freut mich besonders dann, wenn keine Angehörigen mehr bei dem Patienten sind. Es geht ja nicht um den Vollzug eines selbstwirksamen, rituellen Handelns *(»ex opere operato«)*, sondern es geht darum, dem Ende eines Menschenlebens eine Gestalt zu geben, die seiner Würde entspricht: ihn Gottes Liebe anzubefehlen, und denen, die ihn in seinem Sterben begleiten, dabei zu helfen, diesen Menschen loszulassen und die mit dem Tod immer verbundene Hilf- und Sprachlosigkeit auszuhalten.

Ich bedaure es stets, wenn Angehörige diesen Abschied im Beisein des Pflegepersonals und der Krankenhauspfarrerin nicht mitvollziehen können oder wollen. Die »letzten Dinge« werden gerne an »Fachkräfte« delegiert.

»Schwester, rufen Sie mich bitte an, wenn es vorbei ist.« Dieser Satz wird von Angehörigen auf Intensivstationen eher gesagt als auf normalen Stationen. Sicher sind es die von Peter Häußer in seinem Beitrag

beschriebenen Gefühle von Angst, Ungewissheit, Hilflosigkeit und extremer Anspannung, die Angehörige den Ort der Bedrohung fliehen lassen.
Gerade deshalb ist die Transparenz unseres seelsorgerlichen Handelns für die Pflegenden so wichtig, weil sie es sind, die den Kontakt der Angehörigen zur Klinikseelsorge in der Regel herstellen. Wenn sie Bescheid wissen, was wir tun, und wenn sie von seiner Sinnhaftigkeit überzeugt sind, fällt es ihnen leichter, die Angehörigen zum Bleiben zu ermutigen.
Die Hilflosigkeit und Sprachlosigkeit der Angehörigen nehme ich wahr. Mein Anliegen ist es, durch Sprache eine Form zu finden, in der sich alle Anwesenden aufgehoben wissen. Hier helfen mir zum einen mir vertraute, vorformulierte Texte (Psalmen, Gesangbuchverse, Gebete, Bibeltexte).
Zum anderen suche ich nach Worten, die behutsam die Situation in ihrer Einmaligkeit zur Sprache bringen, die nach Möglichkeit die Lebensgeschichte des Sterbenden aufnehmen (wir sind dabei, sie zu beschließen!) und die Raum schaffen, in dem die präsenten Gefühle gelebt werden können. Wenn es dann noch gelingt, durch ein Zeichen, eine Geste, eine Berührung der Bedeutung des Zugesagten für den sterbenden Patienten eine Gestalt zu geben, wird Ohnmacht eher ertragbar oder sogar überwunden.
Und wenn es dadurch und darüber hinaus gelungen ist, dem Sterbenden, den Angehörigen und allen Beteiligten der mit dem Evangelium verbundenen Auferstehungshoffnung die Ohren zu öffnen und ihr Herz zu erreichen, hat der Heilige Geist seinen Dienst getan.

3.2. Beispiele

3.2.1. Segnung eines Sterbenden unter Anwesenheit der Angehörigen

Wir stehen am Bett eines siebzigjährigen Mannes, dessen Sterben nach einer massiven Hirnblutung unausweichlich ist. Neben ihm stehen die Tochter mit ihrem Ehemann und die beiden Enkeltöchter (sieben und elf Jahre alt). Am Vortag war der Patient noch kerngesund, hatte den Rasen gemäht und sich ohne ein Anzeichen einer Erkrankung schlafen gelegt. Als er am nächsten Morgen nicht wie gewohnt mit der Zeitung zum Frühstück in der Wohnung der Tochter im gleichen Haus erschien, fand ihn die Tochter ohnmächtig vor. Er kam danach auch nicht mehr zu Bewusstsein. Nun müssen wir uns gemeinsam auf den so plötzlichen Abschied einstellen. Die beiden kleinen Mädchen stehen völlig erstarrt am Bett ihres Großvaters. Dicke Tränen rollen über die verweinten Gesichter.

Liebe Frau M., lieber Herr M., liebe V. und liebe K.,
wir stehen hier am Bett eures lieben Vaters und Opas und können noch gar nicht begreifen, was da so plötzlich geschehen ist.
Gestern war er noch bei euch, hat mit euch gegessen und gelacht und nun sollen wir uns – ohne noch einmal mit ihm reden zu können – von ihm trennen. Deshalb fällt es uns so schwer, ihn anzusprechen, weil er uns nicht mehr antwortet. Aber wir dürfen darauf vertrauen, dass er uns auch jetzt noch hören kann: Jedes liebe Wort kann er aufnehmen. Darum wollen wir ihm jetzt Worte zusprechen, die er schon von Kindheit an kennt und die auch uns gut tun und uns trösten.

Psalm 23 (oder Psalm 73)

Der Großvater wird nie wieder bei uns wohnen können. Wo wird er sein? –
Als sich Jesus von seinen Jüngern verabschieden musste, hat er ihnen gesagt, wohin er gehen wird und dadurch hat er ihnen geholfen, dass sie keine Angst mehr um ihn haben mussten. Er hat ihnen versprochen, dass sein Leben bei Gott aufgehoben sein würde. Dieses Versprechen gilt uns allen und auch für euren Opa. Er bekommt bei Gott ein neues Zuhause. Das steht so im Johannesevangelium: Johannes 14, 1–6

Ich spreche im Anschluss an die Evangelienlesung ein freies Gebet: ich bringe den Schrecken, die Hilflosigkeit, das Entsetzen der Angehörigen vor Gott und versuche so zu formulieren, dass sich auch die beiden Kinder in meinen Worten wiederfinden können. Ich bitte um die Erfahrung, dass Gott dem Sterbenden und seinen Kindern jetzt ganz nahe ist, dass sie sich geborgen und gehalten fühlen dürfen. Ich formuliere einen ersten Versuch eines Dankes dafür, dass die Kinder mit dem Großvater so schöne Erfahrungen haben durften und leite hin zu Abschiedsworten, die den Angehörigen jetzt in den Sinn kommen könnten. Dazu hilft mir – kindgerecht umformuliert – das Gerüst der sogenannten Abdankung (s.u. »Aussegnung eines Verstorbenen«).

Gemeinsame Abschiedssegnung
Ich möchte der Familie des sterbenden Mannes jetzt die Möglichkeit anbieten, ihm noch etwas Gutes zu erweisen und mit einer liebevollen Geste von ihm Abschied zu nehmen. Dazu ist die Geste des Segnens eine besonders schöne Form, die allen verfügbar ist. Segnen (bene dicere = Gutes sagen!) ist kein Privileg der Ordinierten und auch nicht die Verknüpfung des Wortes mit dem »signare«, dem Bezeichnen mit dem Kreuzzeichen. Wird dies mit einem dafür geeigneten Salböl getan, dann kommt zu der bloßen Zeichenhandlung, die mit dem Segenswort verknüpft ist, noch ein Element hinzu, das sonst ungenutzte Sinne zusätzlich ansprechen kann, und zwar bei dem Bezeichneten selbst wie umgekehrt auch bei den Handelnden!

Die Worte der Bibel und das gemeinsame Gebet wollen uns trösten und eine Stärkung sein. Wir können darüber hinaus noch etwas tun, mit dem wir Euren Großvater spüren lassen können, wie lieb wir ihn haben. Zugleich wollen wir damit ausdrücken, dass wir darauf vertrauen, dass Gott auch und gerade jetzt für ihn da ist. Wir wollen ihn segnen mit Worten aber auch dadurch, dass wir ihn berühren. Ihr dürft ihm mit diesem Salböl ein Kreuz in jede Hand und auf die Stirn zeichnen.

Ich öffne das Schraubglas mit dem Chrisam und lasse die Kinder daran riechen (Rezeptur siehe Exkurs am Ende des Kapitels). – Während ich langsam die Segensworte des Valetsegens (auch ein anderes Segenswort ist möglich) spreche, geben sich die Kinder und Eltern das Salböl weiter und bezeichnen ihren Vater in der angegebenen Weise.

Jesus Christus, dein Freund und Bruder,
sei bei dir, dich zu beschützen.
Er gehe vor dir her, dich sicher zu geleiten.
Er stehe hinter dir, dich zu schirmen.
Er schaue dich gnädig an und bewahre dich.
Der Segen Gottes, † des Vaters, des Sohnes und des Heiligen Geistes geleite dich auf deinem Weg.

oder
Jesus Christus, unser Freund und Bruder
sei bei dir, dich zu schützen,
er sei in dir, dich zu stärken
er sei vor dir, dich zu leiten und zu führen auf dem Weg zur ewigen Heimat.
Es segne dich der dreieinige Gott † der Vater, der Sohn und der Heilige Geist.

Vaterunser

Ich möchte mich nun von euch verabschieden, weil ich euch auch noch Zeit miteinander lassen möchte. Diese letzten Stunden gehören euch ganz allein. Ich möchte euch Mut machen, eurem Vater und Opa noch alles zu sagen, was ihr auf dem Herzen habt. Und dann sagt ihm ade, damit auch er euch loslassen und gehen kann.

Ich spreche zum Abschied über der Familie den aaronitischen Segen.

3.2.2. Segnung eines Sterbenden ohne Anwesenheit von Angehörigen

Der Friede des Herrn sei mit Euch. Amen
Wir stehen hier am Bett von Herrn/Frau, um ihn/sie dem Gott anzubefehlen, der ihn/sie (vor ... Jahren) ins Leben gerufen hat. Nichts, weder Tod noch Leben kann uns scheiden von der Liebe Gottes.
Dass seine Liebe auch Herrn/Frau gilt, ist ihm/ihr schon in der Taufe zugesagt worden. Daran wollen wir uns jetzt festhalten, wenn wir beten mit den Worten des 23./73. Psalms:

Psalm 23 oder Psalm 73

Lesung: Johannes 14, 1–6

Gebet
Herr, unser Gott, lieber Vater im Himmel,
alle menschliche Hilfe ist an ihr Ende gekommen und das Leben von ... verlöscht. Wir müssen Abschied nehmen von (unserem Vater, unserer Mutter ...), von einem Menschen, (den wir von Herzen lieben), dem wir sehr verbunden sind.

In dieser schweren Stunde suchen wir dein Angesicht, denn du bist unsere einzige Zuflucht und unser Halt. Sei uns jetzt nicht ferne.
Steh N. N. gnädig bei, sei mit ihm/ihr in seiner/ihrer letzten Not. Hilf uns, im Glauben an dich, die Angst vor dem Tod zu überwinden.
Erlöse sie/ihn und nimm sie/ihn auf zu dir in dein ewiges Reich. Uns aber mach still, und lass uns erkennen, dass du unser Gott bist.
Amen.

oder
Herr Jesus Christus,
du bist der Weg und die Wahrheit und das Leben.
Du hast wie wir als Mensch gelebt und weißt um unsere Krankheit, unsere Schmerzen und unsere Todesnot.
An der Schwelle des Todes bitten wir dich:
stehe du N. N. und den Menschen, die ihn/sie lieben, jetzt bei, in aller Angst und allem Schrecken.
Hilf, dass er/sie dieses Leben loslassen kann und begleite ihn/sie durch einen gnädigen Tod.
Führe ihn/sie aus dem Todesdunkel hervor in dein unvergängliches Licht und berge ihn/sie in der ewigen Liebe des Vaters.
Amen.

Abschiedssegen
N. N., Jesus Christus, der Herr, sei bei dir, dich zu beschützen.
Er gehe vor dir her, dich sicher zu geleiten.
Er stehe hinter dir, dich zu schirmen.
Er schaue dich gnädig an und bewahre dich.
Der Segen Gottes, (Bezeichnung mit Salböl)
† des Vaters, des Sohnes und des Heiligen Geistes geleite dich auf deinem Weg.
Friede sei mit dir. Amen.

oder
N. N., Jesus Christus, unser Freund und Bruder sei bei dir, dich zu schützen,
er sei in dir, dich zu stärken
er sei vor dir, dich zu leiten und zu führen auf dem Weg zur ewigen Heimat.

Es segne dich der dreieinige Gott (Bezeichnung mit Salböl),
† der Vater, der Sohn und der Heilige Geist.

Vaterunser/Segen für die Anwesenden

3.2.3. Aussegnung eines Verstorbenen

Der Friede des Herrn sei mit Euch. Amen.
Wir stehen hier am Sterbebett/Sarg von Herrn/Frau N.N., um ihn/sie dem Gott anzubefehlen, der ihn/sie (vor ... Jahren) ins Leben gerufen hat. Uns ist versprochen worden, dass nichts uns scheiden kann von der Liebe Gottes.
Sie gilt deshalb auch Herrn/Frau N.N. im Leben und im Tod. So wurde es ihm/ihr schon in der Taufe zugesagt. Daran wollen wir uns jetzt erinnern, wenn wir beten mit den Worten des 23./73. Psalms.

Psalm 23 oder Psalm 73

Lesung aus Römer 8
Ich bin gewiss, dass nichts uns trennen kann von der Liebe Gottes:
Weder Tod noch Leben, weder Mächte noch Gewalten, weder Gegenwärtiges noch Zukünftiges, weder Hohes noch Tiefes; es gibt überhaupt nichts, was uns scheiden kann von der Liebe Gottes, die in Christus Jesus ist, unserm Herrn.

Gebet
Lasst uns beten:
Herr, unser Gott, dein sind wir im Leben und im Sterben. Du hast durch Jesus Christus dem Tode die Macht genommen. Wir bitten dich:
sei in dieser schweren Stunde bei uns mit deinem Trost und deiner Gnade.
Ein Leben ist zu seinem Ende gekommen, mit dem wir (so eng) verbunden waren ...
Schenke uns die Gewissheit, Herr, dass nicht der Tod das letzte Wort spricht über das Leben, das wir jetzt zurücklegen in deine Hände. Lass ihn/sie und einst auch uns die Kraft deiner Auferstehung erfahren, der du lebst und regierst von Ewigkeit zu Ewigkeit. Amen.

oder

Ein Leben ist zu Ende gegangen. Wir können es nicht fassen, dass ein Mensch so rasch vergeht.
Herr, jetzt brauchen wir deinen Trost, denn der Mensch, den wir liebten, ist nicht mehr, und Furcht greift an unser Herz.
Lass uns in unserer Hilflosigkeit nicht allein und schenke uns die Gewissheit, dass du jetzt und in der Stunde unseres eigenen Todes bei uns bist. Amen.

Abdankung

Lasst uns Abschied nehmen von N.N. und bedenken, was uns mit ihm/ihr verbunden hat:
Wer ihn/sie lieb gehabt und geachtet hat, der trage diese Liebe und Achtung weiter, über Tod und Grab hinaus.
Wen er/sie lieb gehabt hat, der danke ihm/ihr alle Liebe.
Wer ihm/ihr etwas schuldig geblieben ist an solcher Liebe, in Worten und Taten, der bitte Gott um Vergebung.
Und wem er/sie weh getan haben sollte, der verzeihe ihm/ihr, so, wie Gott uns vergibt, wenn wir ihn darum bitten.
So nehmen wir Abschied mit Dank für alles Gewesene und im Frieden. (nach EG Ausgabe Bayern/Thüringen S. 1431)

Valetsegen

Leben wir, so leben wir dem Herrn; sterben wir, so sterben wir dem Herrn. Darum: wir leben oder sterben, so sind wir des Herrn. Denn dazu ist Christus gestorben und wieder lebendig geworden, dass er über Tote und Lebende Herr sei. (Römer 14,8.9)

Es segne dich Gott, der Vater, der dich nach seinem Ebenbild geschaffen hat.
Es segne dich Gott, der Sohn, der dich durch sein Leiden und Sterben erlöst hat.
Es segne dich Gott, der Heilige Geist, der dich zum Leben gerufen und geheiligt hat.
Gott, † der Vater und der Sohn und der Heilige Geist geleite dich durch das Dunkel des Todes. Er sei dir gnädig im Gericht und gebe dir Frieden und ewiges Leben. (nach EG Ausgabe Bayern/Thüringen, S. 1430)

oder
Jesus Christus, der Herr, sei bei dir, dich zu beschützen.
Er gehe vor dir her, dich sicher zu geleiten.
Er stehe hinter dir, dich zu schirmen.
Er schaue dich gnädig an und bewahre dich zum ewigen Leben.
Es segne dich der dreieinige Gott, † der Vater, der Sohn und der Heilige Geist.
Herr, lasse ihn/sie ruhen in deinem Frieden.
Sei ihm/ihr gnädig im Gericht und dein ewiges Licht leuchte ihm/ihr.
Amen.

Vaterunser/Segen für die Anwesenden

Bei Überführung zum Friedhof
Wohlauf, wohlan, zum letzten Gang, kurz ist der Weg, die Ruh' ist lang.
Zur Ewigkeit – kurz ist der Schritt – und lang der Weg, – doch Gott geht mit.

Exkurs: Herstellung von Salböl (Chrisam)

»Chrisam ... reines Olivenöl, dem im Abendland etwas Balsam und weitere aromatische (heilende) Stoffe beigemischt wurden ...« (A. Berger, Pastoral-Liturgisches Handlexikon).
Bei der Jahrestagung der Arbeitsgemeinschaft für Evang. Krankenhausseelsorge in Bayern 1990 wurde in einem Segnungsgottesdienst eine Salbe nach folgendem Rezept verwendet. Es wurde von dem kath. Religionspädagogen Peter F. Bock, München aus der Arbeit mit Erstkommunikanten eingebracht.

Trägersubstanz:	Lanolin
	Jojoba-Öl
Grundsubstanz:	Perubalsam*
	Tolubalsam

* Balsam – aus dem Harz von Koniferen seltener Arten (meist aus dem Nahost-Raum) gewonnen, also gleiche Basis wie die verschiedenen Weihraucharten.

Wirksame ätherische Öle: Lavendel
Muskatellersalbei
Wacholder
Myrte
Kamille, wild
Eukalyptus
Pampelmuse
Ylang-Ylang
Zitrone extra
Zimtrinde
Bienenhonig

Die Salbe wird zubereitet aus 5 Teilen Lanolin, 1,5 Teile Jojoba, 1 Teil Perubalsam, also z. B. 100 ml Lanolin, 30 ml Jojoba-Öl, 20 ml Perubalsam.
Die ätherischen Öle (in Auswahl) mit wenigen Tropfen beigeben; dabei durchaus das eigene (Nasen-)Gespür als Maßstab verwenden.
Haltbarkeit der frisch angesetzten Salbe: 4–6 Monate bei kühler/dunkler (Lichtschutzglas!) Lagerung.

Balsam kann laut Fachliteratur in Einzelfällen allergische Reaktionen auslösen. Daher im Zweifelsfall lieber weglassen oder vor längerem Gebrauch (etwa als Wundsalbe oder Pflegecreme!) ein kurzer Allergietest: ein wenig Salbe auf dem Handrücken oder Oberarm auftragen; wenn eine Rötung auftritt, sollte auf die Anwendung verzichtet werden.

V. Heilsame Unterbrechungen des Klinikalltags

von Helmut Herberg

1. Erzählende Predigten in der Klinik

1.1. Warum »erzählende Predigten«?

»Die Langeweile ist der Traumvogel, der das Ei der Erfahrung ausbrütet ...
Geschichten erzählen ist ja immer die Kunst, sie weiter zu erzählen, und die verliert sich, wenn die Geschichten nicht mehr behalten werden. Sie verliert sich, weil nicht mehr gewebt und gesponnen wird, während man ihnen lauscht. Je selbstvergessener der Lauschende, desto tiefer prägt sich ihm das Gehörte ein«[25]. Biblische Geschichten sind Erzählungen, die nicht einfach nacherzählt, sondern weiter erzählt, d.h. mit eigener Erfahrung verwoben werden möchten. Sie laden die Hörenden ein, selbst Erzählende zu werden. Ihre Lebensgeschichte vor Gott zu erzählen. Ist doch das Christentum seinem Wesen nach, nicht primär eine »Argumentations- und Interpretationsgemeinschaft, sondern eine Erzählgemeinschaft«[26]. Obwohl ich schon viele erzählende Predigten gehalten habe, fällt es mir schwer, darüber zu schreiben.
Ich weiß nicht, wie Frau, Mann erzählend predigt. Wie ich dazu gekommen bin, was ich dafür getan habe und tue und noch wichtiger, was ich nicht tue, davon möchte ich berichten:
In einem Kurs für Klinische Seelsorge habe ich vor etwa 25 Jahren eine Predigt vom Kassettenrecorder vor Kolleginnen und Kollegen vorgespielt. Noch heute spüre ich, wie tief ich damals über meine Stimme, über die Form der Sprache, über den Inhalt erschrocken bin. Ich wäre am liebsten im Erdboden versunken, so geschämt habe ich mich.

25 Walter Benjamin, Der Erzähler, in: Illuminationen, Ausgewählte Schriften, Frankfurt 1992, S. 392

26 Vgl. Johann Baptist Metz, Glaube in Geschichte und Gesellschaft, Studien zu einer praktischen Fundamentaltheologie, Mainz ^{5}1992, S. 202

Dieses Erlebnis war für mich schlimm und heilsam zugleich. Dankbar ist mir bewusst geworden, dass die Menschen, die Frauen und Männer, die jeden Sonntag zum Gottesdienst kamen, mich getragen haben. Oder genauer gesagt: Der Gottesdienst, das gemeinsame Singen und Beten, das Wort Gottes hat uns getragen. Ich habe mich seitdem immer gefragt: Wie müsstest du predigen, den Gottesdienst gestalten, damit du selbst gerne dein eigener Predigthörer bist. Kurz gesagt, ich habe angefangen über Inhalt und Form meiner Predigt intensiv nachzudenken, um dabei heraus zu spüren, welche Form mir am meisten liegt. Dabei habe ich die erzählende Predigt entdeckt.

Das klingt zunächst einmal sehr formalistisch und ist es auch: Ich habe die Menschen nicht mehr als Gegenüber angepredigt, sondern das Gespräch mit ihnen gesucht. Konkret sah das so aus, dass ich in den wöchentlichen Bibelstunden den biblischen Text vorgelesen und dann zugehört habe, wie anderen den Text verstehen, was er ihnen sagt, wozu er sie ermutigt, was ihnen fremd bleibt.

Gleichzeitig habe ich eine Ausbildung als Psychodramaleiter begonnen. Eine gruppentherapeutische Ausbildung, die ermutigt und befähigt, blinde Flecken, Fehlentwicklungen zu sehen und zu bearbeiten. Wichtig dabei ist, dass alle Mitglieder der Gruppe als »Mitspieler«, als Gegenüber »Co-Therapeuten« sind. Die Ausbildung zum Psychodramaleiter habe ich in der Praxis ein- und umgesetzt im Bibliodrama.

Viele meiner erzählenden Predigten sind so etwas wie die Erzählung eines Bibliodramas. Aber damit ist wiederum nur ein vordergründiger Aspekt beschrieben: Immer deutlicher haben sich bei mir vier Stufen der Entstehung einer erzählenden Predigt herausgebildet:

- die Arbeit am Text. Dazu zähle ich auch die Lektüre der Kommentare und Auslegungen.
- die Zeit der Stille, der Meditation. Ich erlebe sie wie eine Zeit des Ablegens, des Leerwerdens und Wartens. Eine intensive Phase von neuen, vorher nicht geahnten Erkenntnissen schließt sich an.

Ich staune, wie in dieser Zeit, ich nenne sie die Keimzeit, eigene Bilder, Gedanken und Ideen wachsen. Oft stellt sich mir dabei eine Person aus dem Umfeld der biblischen Geschichte, manchmal sind es auch Tiere, vor Augen, und ich versuche, das Geschehene aus ihrer Optik zu sehen und zu beschreiben und heraus zu spüren, welche Gefühle ihrem Erleben zu Grunde liegen.

Die Zeit der Stille ist für mich die Zeit, Bilder und Gegenbilder auf-

kommen zu lassen, die das Alltägliche durchbrechen, transzendieren. Solche Bilder sind wie Fenster und Türen, durch die Menschen aus ihren Festlegungen herausfinden, in ihren sogenannten Wirklichkeiten Schöpfungsmöglichkeiten entdecken und so Gott als den erkennen, der neues Leben schafft.
In Bezug auf die Sprache der erzählenden Predigten bedeutet das, dass sie auf Poesie nicht verzichten kann und darf. Ist doch Poesie jene Kraft, die die Banalität durchbricht. Die dritte Stufe ist die Zeit des Aufschreibens, die vierte die Zeit der Überarbeitung.
Mir ist bald klar geworden, dass mir in meiner jetzigen Arbeit als Klinikpfarrer, die gleichen Menschen begegnen wie in der Gemeinde. Sie sind jedoch durch ihre Krankheit gezwungen, sich deutlicher mit den Grenzerfahrungen des Lebens auseinander zu setzen. Im normalen Klinikalltag gibt es jedoch wenig Möglichkeiten, Angst, Ungewissheit, Wut und Zorn auszudrücken. Die Klinikkapelle, so sagen mir viele, ist für sie der Raum, wo sie abladen und auftanken können.
Im Gottesdienst hat alles Raum: die Angst, das Vertrauen, die Ungewissheit, die Wut, der Zorn. Bei der Vorbereitung der Predigt im Klinikgottesdienst ist mir noch deutlicher geworden, was J. B. Metz gemeint hat, wenn er schreibt: »Eine rein argumentative Theologie, die sich ihren Ursprung in erzählender Erinnerung nicht ständig neu vergegenwärtigt, führt angesichts der menschlichen Leidensgeschichte zu jenen tausend Modifikationen in ihrer Argumentation, unter denen unversehens jeder identifizierbare Inhalt christlichen Heils erlischt«[27].
Erzählende Predigten sind wie Einladungen, die Wirklichkeit aus einer anderen Optik zu sehen, sich mit den Personen der erzählten Geschichte zu identifizieren und so den Klinikalltag heilsam zu unterbrechen. Die Sprache der Erzählung ist die Sprache der heilsamen »Systemunterbrechung«[28].
Erzählende Predigten sind Angebote, sich auf einen Weg zu begeben. Sie führen aus der Enge in die Weite. Und an den vielen Wegkreuzungen bleibt es den Hörerinnen und Hörern freigestellt, aus der Erzählung auszusteigen oder sie auf ihre Weise weiterzuerzählen. Die erzählende Predigt setzt mündige Predigthörerinnen und Predigthörer voraus.

27 Metz, a.a.O., S. 206
28 Vgl. Metz, a.a.O., S. 208

Und sie setzt ein große Weite und Offenheit in der/dem voraus, der/die Predigt hält.
Wenn ich zurückblicke auf die letzten sieben Jahre, so muss ich gestehen, die Bilder und Gedanken sind mir geschenkt, zugeflossen. Ich habe sozusagen nur einige Bedingungen geschaffen, dass sie bei mir ankommen können.
So beginne ich jeden Morgen mit der Bibellese und dem Gebet. Mitten im Schreiben der Predigt, wenn die Gedanken ins Stocken geraten, die Bilder verschwimmen, setze ich mich auf meinen Gebetsschemel und warte, bis sich der Nebel verzieht. Gleichzeitig schütze ich mich vor fremden Bildern und gucke so gut wie gar nicht mehr fern, außer wenn wir, meine Frau und ich, spazieren gehen und wir dabei von Ulm aus bis zu den Alpen sehen können.
Wenn dann die Predigt in den Grundzügen fertig ist, lasse ich sie ruhen, überarbeite sie dann noch einmal und achte dabei besonders auf die Sprache und die Länge der Sätze. Beim Halten der Predigt ist mir wichtig, mich nicht an das Aufgeschriebene zu klammern, sondern dem spontanen Einfall Raum zu geben.
Zwei wichtige Schlussbemerkungen:
Meine Frau, die regelmäßig den Gottesdienst in der Klinik besucht, ist eine sehr kritische Hörerin. Sie ermutigt mich, den Alltag in die sonntägliche Predigt hereinzuholen und die Menschen auf das hin anzusprechen, was sie werden möchten: gesunde Menschen. Und sie bewahrt mich auch davor, zu fasziniert in die Abgründe menschlichen Lebens zu schauen. Immer wieder lese ich, gleichsam als Grundregel, den Aufsatz »Der Erzähler« von Walter Benjamin und versuche, seine Mahnung zu beherzigen: »Es gibt Nichts, was Geschichten dem Gedächtnis nachhaltiger anempfiehlt als jene keusche Gedrungenheit, welche sich psychologischer Analyse entzieht. Und je natürlicher dem Erzählenden der Verzicht auf psychologische Schattierungen vonstatten geht, desto größer wird die Anwartschaft auf einen Platz im Gedächtnis des Hörenden, desto vollkommener bilden sie sich seiner eigenen Erfahrung an, desto lieber wird er sie schließlich eines näheren oder ferneren Tages weitererzählen. Dieser Assimilationsprozess, welcher sich in der Tiefe abspielt, bedarf eines Zustandes der Entspannung, der seltener und seltener wird«[29].

29 Benjamin, a.a.O., S. 392

Patientinnen und Patienten, die die Predigt in der Kapelle oder am Bettradio hören, machen mir oft Mut, wenn sie sagen, sie hätten sich in der erzählten Geschichte wiedererkannt und neue Perspektiven entdeckt. Im folgenden möchte ich exemplarisch zwei Predigten vorstellen. Gemeinsam ist ihnen die Perspektive einer einzelnen erzählenden Person. Dass diese nicht unbedingt Teil der biblischen Geschichte sein muss, wird in der zweiten Predigt deutlich.

1.2. Beispiele

1.2.2. »Warum weinst du, Naeman?« (2. Kön 5,1–18)

Ich hörte die Frage und konnte sie nicht beantworten. »Warum weinst du, Naeman?«, wiederholte Ben-Hadad, mein Chef, der König von Syrien, seine Frage. Ich drehte mich zur Seite, sah ihn mit verweinten Augen an und schüttelte den Kopf. Ich wusste es selbst nicht. Es brach aus mir heraus.

Wir beide knieten im Tempel des Rimmon, vor der Statue Rimmons. Ben-Hadad war alt und stützte sich auf meinen rechten Arm. Ich sah noch, wie auch er den Kopf schüttelte. Doch er wiederholte seine Frage nicht mehr. Er ließ mich weinen, mich ausweinen. Das tat gut.

Merkwürdig, meine Augen sahen alles verschwommen: die Säulen des Tempels, die großen Hände des steinernen Rimmons, gefüllt mit den Früchten der Erde, Zeichen seiner göttlichen Kraft, alles wachsen und gedeihen zu lassen. Die Konturen flossen ineinander.

Gleichzeitig zogen die Menschen an mir vorüber, die mir in den letzten Wochen wichtige, lebenswichtige Begleiter waren. Ich sah sie deutlich vor mir: das hebräische Küchenmädchen, meine Diener, den Gottesmann aus Israel.

Und ich schämte mich. – Ich schämte mich vor der Küchengehilfin, der Frau, die mir den entscheidenden Hinweis zur Heilung meiner schweren Krankheit gab. Ich schämte mich vor meinen Dienern, ohne die ich krank geblieben wäre. Ich schämte mich vor mir selbst, mit meinem Zwang zur Größe, mit den hohen Erwartungen, wie das Leben sein müsste, die mir oft selbst den Blick auf die Wirklichkeit verstellten. Und ich schämte mich vor jenem Gottesmann Elisa und vor seinem Gott.

Ich schämte mich und war zugleich von tiefer Dankbarkeit erfüllt.

Einer Dankbarkeit, die ich hier im Tempel des Rimmon nicht ausdrücken konnte. Ich war geheilt worden und fand keinen Ort, wo ich meine tiefe Freude vor Gott aussprechen konnte. Die Tränen waren meine Sprache. Wie sollte Ben-Hadad sie verstehen?
Ein General, der weint, der nicht fähig ist, seine Gefühle unter Kontrolle zu halten! Tränen kommen aus tiefem Grund. Es tat gut, dass mein Chef die Quelle nicht verstopfte. Er liess mich, wie gesagt, weinen.
Es hörte erst auf in mir zu weinen, als der Gottesmann Elisa vor mein inneres Auge trat. Ich hörte, wie damals sein Wort: »Zieh hin in Frieden!« Dieser Satz trocknete meine Tränen.
Aber – das wird mir jetzt bewusst – ich rede für viele in Rätseln. Es ist jetzt an der Zeit, alles der Reihe nach zu erzählen:
Mein Leben verlief in normalen Bahnen: Ich hatte Erfolg, arbeitete mich nach oben, kam bei meinen Vorgesetzten gut an, war sehr beliebt und wurde schließlich von Ben-Hadad, dem König von Syrien, zum Befehlshaber seiner Streitkräfte berufen.
Wir hatten soeben eine kriegerische Auseinandersetzung mit Israel gewonnen, da wurde ich krank. Meine Haut bekam rote Flecken, die fürchterlich juckten. Nachts war der Juckreiz am schlimmsten. Ich kratzte mich wund. Besonders mein Rücken und die Innenseite der Beine und Arme waren betroffen.
Ich, der ich mir, wie man so sagt, ein dickes Fell zugelegt hatte, erkannte plötzlich, wie dünnhäutig ich war. Bis jetzt hatte ich meine Empfindsamkeit, die Angst vor Nähe gut hinter meiner Rolle als General verstecken können. Ich war es gewohnt, Befehle aus der Distanz zu erteilen. So konnte ich die tiefe Sehnsucht nach menschlicher Nähe gut verbergen. Aber jetzt war meine Dünnhäutigkeit offensichtlich. Schuppenflechte, oder wie unsere Ärzte sagten: »Aussatz«! Unheilbar und, so nahm man damals an, ansteckend. Es war nun verboten mich zu berühren.
Für mich brach eine Welt zusammen: Was nützen dir die Tapferkeitsorden, dein schönes Haus, dein Geld, dein Ansehen bei anderen, wenn du krank bist? Alle Pläne stürzten zusammen. Mein Denken konzentrierte, verengte sich auf die Krankheit. Ständig beobachtete ich meine Haut und erschrak über jede Stelle, die neu von der Schuppenflechte befallen war.
Am Schwersten war das Getuschel hinter meinem Rücken zu ertragen:

Was hat der verbrochen, dass Gott ihn so schwer straft? »In Israel gibt es einen Gottesmann, der könnte ihren Mann heilen«, sagte die Küchengehilfin eines Tages zu meiner Frau. Unsere Küchengehilfin kam selbst aus Israel. Das heißt, unsere Soldaten hatten sie hierher verschleppt und auf dem Sklavenmarkt an meine Frau verkauft. »Das Mädchen ist glaubwürdig«, sagte meine Frau. »Lass es uns versuchen!«
Ich bat daraufhin meinen Chef, für mich die Sache in die Hand zu nehmen. Der schrieb einen Brief an den König von Israel, mit dem Befehl, mich zu heilen. Als Dank ließ er durch Boten zehn Zentner Silber und sechshundert Goldgulden, sowie zehn Festkleider überreichen. »Donnerwetter«, dachte ich, »so viel bin ich ihm wert!«
Doch die Mission ging schief. Der König von Israel war außer sich vor Zorn. Er glaubte in dem Brief eine versteckte Kriegserklärung zu erkennen: »Ihr wisst genau, dass ich keine unheilbaren Krankheiten heilen kann, und sucht nur einen Grund, erneut Krieg gegen uns vom Zaun zu brechen«, sagte er zu unseren Leuten und schickte sie zurück.
Wie dann der Gottesmann, von dem unsere Küchengehilfin gesprochen hatte, von meinem Wunsch nach Heilung erfahren hat, weiß ich nicht. Jedenfalls erhielt ich kurze Zeit später eine Einladung von dem Gottesmann, mich persönlich bei ihm vorzustellen. Ich zögerte keinen Augenblick und stand kurze Zeit später mit meinen Kutschen vor seiner Tür.
Durch meinen Diener ließ ich ihn wissen, dass ich auf die Anwendung seiner Heilkunst warte. In meiner Phantasie malte ich mir aus, wie der Gottesmann nach gründlicher Vorbereitung mit der Heilsalbe auf einem silbernen Tablett herauskommen und dann mit beschwörenden Worten im Namen seines Gottes meine kranke Haut behandeln, mich heilen würde.
Doch nichts dergleichen geschah. Der Gottesmann lies mich einfach warten. Er hielt es nicht einmal für nötig, selbst mit mir zu reden. Er schickte einen seiner Diener, der mir mit knappen Worten das Rezept für meine Hautkrankheit mitteilte: »Geh hin und tauche siebenmal im Jordan unter, so wird dein Fleisch wieder heil und du wirst rein werden.« (V. 10)
Die Enttäuschung hätte nicht schlimmer sein können. Ich fühlte mich gedemütigt, beleidigt, für dumm verkauft. »Ich dachte«, sagte ich und versuchte, meine Wut unter Kontrolle zu halten, »ich dachte, er selbst würde zu mir herauskommen, den Namen des Herrn, seines Gottes

anrufen und seine Hand hin zum Heiligtum erheben und mich so von dem Aussatz befreien.« (V. 11)
»Abana und Parpar, die Flüsse von Damaskus sind besser als alle Wasser in Israel«, schrie ich voller Zorn und gab den Befehl zurückzureisen. Mein Stolz verbot es mir, mich wie ein Kind siebenmal im Jordan zu waschen, siebenmal unter Wasser zu tauchen.
»Ich dachte«, sagte ich halblaut vor mich hin. »Ich dachte …, ich dachte …« und spürte dabei, wie mir meine ohnmächtige Wut die Luft abschnürte. Einen Augenblick lang schloss ich die Augen und versuchte, tief durchzuatmen. Ich erschrak, denn ich schaute mir zu, wie ich mir selbst die Hände zusammenschnürte. Als ich die Augen wieder aufmachte, sah ich auf meine zitternden Hände.
Mein Kutscher musste das Zittern in den Händen auch gesehen haben. Er rückte nahe zu mir hin, nahm meine Hand und sagte leise: »Lieber Vater, wenn dir der Prophet etwas Großes geboten hätte, hättest du es nicht getan? Wie viel mehr, wenn er zu dir sagt: wasche dich, so wirst du rein« (Vers 13)
»Ich dachte …«, wollte ich ihm antworten und sah in sein leidendes Gesicht. »Lieber Vater«, wiederholte er und nickte mir zu. Erst jetzt sah ich, dass wir am Ufer des Jordan standen. Einen Augenblick lang kamen die alten Bedenken wieder hoch. Hat er meinen Befehl missachtet? Mich gegen meinen Willen an den Jordan gefahren? »Lieber Vater«, sagte er zum dritten Mal, und ich sah die Tränen in seinen Augen.
Da stieg ich aus meiner Kutsche, und zog mich aus. Ich zog mit meinen Kleidern alles aus: meinen Stolz, meine Eitelkeit, meine Besserwisserei. »Ich weiß nicht mehr weiter! Ich lasse alles los«, sagte ich und stieg in den Fluss. Siebenmal tauchte ich unter. Das erste Mal fiel mir schwer. Aber dann hatte ich das merkwürdige Gefühl, als würde ich untergetaucht. Und ich spürte, wie meine aufgekratzte Haut heilte.
Ich wollte mich dankbar erweisen. Suchte den Gottesmann auf, um ihm meine Geschenke zu überreichen. Er aber wehrte ab: »So wahr Gott der Herr lebt, vor dem ich stehe, ich nehme nichts an.« Mir war bei dem, was er sagte, so, als gingen mir die Augen auf: deine Heilung ist ein Geschenk, ein Gottesgeschenk, das du nur annehmen, aber nicht bezahlen kannst.
»Ich möchte auch deinen Gott anbeten, ich weiß, er allein hat mich geheilt«, antwortete ich und fügte leise hinzu: »Wenn ich wieder in Damaskus bin, muss ich meinen Herrn, den König, in den Tempel des

Rimmon begleiten. Ich hoffe, dass der lebendige Gott mir verzeiht, wenn ich vor dem Bild Rimmons niederknie und bete!« »Zieh hin in Frieden!« hat der Gottesmann mir zugerufen und mich stehen gelassen.

Meine Frau und die Kinder haben gestaunt, als ich ihnen die gesunde Haut zeigte und sie waren verwundert, dass ich sie in die Arme nahm und mich auch von ihnen umarmen ließ.

Heute glaube ich, meine Krankheit war schlimmer, als ich ahnte. Die aufgekratzte Haut war Zeichen meiner aufgekratzten Seele. Meine Dünnhäutigkeit wurde sichtbar, meine Sehnsucht nach Nähe und meine Unfähigkeit Nähe anzunehmen mich umarmen, mich streicheln zu lassen.

Ja, tief geschämt habe ich mich damals im Tempel des Rimmon. Ich hoffe, Sie verstehen mich jetzt besser. Ich habe erfahren, die Menschen, die ich vorher kaum beachtet hatte, die Küchengehilfin, meine Diener, sie sind für mich die wichtigsten geworden. Sie haben mir an entscheidenden Punkten den Weg zu meiner Heilung gezeigt. Durch sie hat Gott mir geholfen. Ich bin geheilt von meiner Hautkrankheit und von meinem Hochmut. Heilung ist mehr als Gesundwerden.

»Warum weinst du, Naeman?«

»Darum«, so wollte ich meinem Chef, dem König von Syrien, antworten, »darum, weil ich mich schäme; weil ich mich freue; weil ich dankbar bin, dass Gott mich in die Tiefe geführt und so von meinem Zwang nach Größe befreit hat. Ich weine, weil ich durch Menschen dem barmherzigen Gott begegnet bin und nun vor einem kalten, steineren Gott niederknien muss. Ich weine, weil ich mit meinem Glauben allein bin.«

Amen.

1.2.2. »Wenn du in das Land kommst …« (5. Mose 26,1–11)

Liebe Gemeinde!

»Wenn du in das Land kommst …«

Merkwürdig, du hörst zu und hörst doch etwas ganz anderes: »Wenn ich wieder nach Hause komme … Wenn ich aus der Klinik nach Hause komme, dann …« Frau K. atmete tief durch. »Ja, wenn ich nach Hause komme, dann werde ich mich zuerst einmal in meinen Sessel setzen und sagen: Endlich wieder daheim ! In die Küche werde ich dann gehen, mir einen guten Kaffee kochen, dann in den Garten, dann das Mittagessen vorbereiten …

Wenn du nach Hause kommst …
Ja, ich habe ein schönes Zuhause, ein kleines Reihenhaus mit Garten. Mein Mann hat einen sicheren Arbeitsplatz bei der Stadt und mit den beiden jüngsten Kindern die noch zu Hause wohnen, gab es auch keine großen Probleme.
Wenn du nach Hause kommst …
Auf einmal, ich wusste gar nicht, wie das kam, saß ich als Kind zuhause auf der Eckbank. Die Küche war Wohn- und Esszimmer in einem. Wenn ich Schularbeiten machen wollte, musste ich zuerst den Tisch abräumen und sauber wischen. »Wenn wir erst mal unser eigenes Häuschen haben«, sagte meine Mutter oft, wenn wir Geschwister um den Platz auf dem Küchentisch stritten.
Und dann Vaters Beförderung zum Amtmann und schließlich der Einzug ins Eigenheim. Wie eine Befreiung aus der Enge: Endlich bekam ich ein eigenes Zimmer. Ein Zimmer nur für mich allein. Herrlich!
Merkwürdig, wie schnell ich Jahre, Jahrzehnte überspringen kann. Ich weiß noch wie heute, als mich mein Mann über die Türschwelle des eigenes Hauses trug. Dann die Geburt der Kinder. Mit vieren hatte ich alle Hände voll zu tun. »Wenn die erst mal aus dem Gröbsten raus sind!« – Wie oft hab' ich mir das gesagt.
Ja, wenn …, dann. Das »Wenn« trifft schnell ein, manchmal zu schnell. Aber das »Dann« – meistens kommt es ganz anders. Oder du machst es anders, verhältst dich anders, als du es dir vorgenommen hast.
Wenn du nach Hause kommst … Wieder atmete Frau K. tief durch. »Mein Gott, wie komme ich jetzt nur auf den Gedanken? Wenn ich nach Hause komme …« Sie blickte sich ängstlich um, als ob nicht doch einer der Gottesdienstbesucher bemerkt hätte, dass sie in Gedanken ganz woanders war.
»Wenn du in das Land kommst, das dir der Herr, dein Gott, zum Erbe geben wird, … dann sollst du die Erstlinge aller Feldfrüchte in einen Korb legen und sollst sie niederlegen vor dem Herrn, deinem Gott, und anbeten vor dem Herrn deinem Gott.« (V. 1) Das war also die Spur, die mich auf den Weg der Erinnerung geführt hat.
Erntedank: Wenn du geerntet hast, bring von den Früchten ins Haus Gottes. Mein Gott, ja, als Kind hab ich voller Stolz meinen kleinen Erntekorb auf den Altar unserer Kirche gestellt. Und heute? *»Und sollst fröhlich sein über alles Gut, dass der Herr, dein Gott, dir und deinem Hause gegeben hat, du und der Levit und der Fremdling, der bei*

dir lebt« (V. 11). Mein Gott, fröhlich sein über alles Gut. Dazu hatte ich wenig Zeit. Warum eigentlich? Warum hab' ich mich so hetzen lassen?
Erntedank: Abgeben und fröhlich sein, feiern. Die türkische Frau von nebenan mit einladen! Wenn ich nach Hause komme, guter Gott, dann ...!
Der Sack Kartoffeln am Altar fiel mir ins Auge. Du meine Zeit, wenn ich nach Hause komme, muss ich erst mal einkaufen und die Vorratskammern füllen! Wie hatte doch die Bauersfrau von nebenan gesagt: Fünf Zentner Kartoffeln oder zehn Doppelzentner Weizen für ein Paar Schuhe. Und ein Ei kostet schon seit Jahrzehnten 20 Pfennig.
Wenn ich nach Hause komme, werde ich Frau Sobald fragen, ob ich nicht Kartoffeln, Getreide für mein Brot und Eier bei ihr direkt vom Hof kaufen kann. Ich werde ihr soviel zahlen wie ich sonst in der Stadt zahlen muss. Ja und ich werde sie fragen, ob sie auch Fleisch verkauft und gelbe Rüben ...
Wenn ich nach Hause komme, dann ...
»Wir verwechseln oft unsere guten Vorhaben mit unseren Taten«, hörte ich jemanden von weit her sagen. »Stimmt«, dachte ich und schämte mich.
Wenn ich nach Hause komme, dann ...
Du solltest jetzt erst mal ganz hier sein, sagte ich mir und spürte eine tiefe Freude. In meinem Zimmer hab' ich den Predigttext nochmals durchgelesen:
Wenn du in das Land kommst, das dir der Herr, dein Gott, zum Erbe geben wird, und es einnimmst und darin wohnst, so sollst du nehmen die Erstlinge aller Feldfrüchte, die du von deinem Lande einbringst, das der Herr, dein Gott, dir gibt, und sollst sie in einen Korb legen und hingehen an die Stätte, die der Herr dein Gott erwählen wird, dass sein Name daselbst wohne, und sollst zu dem Priester kommen, der zu der Zeit sein wird, und zu ihm sagen: Ich bekenne heute dem Herrn, deinem Gott, dass ich gekommen bin in das Land, das der Herr, wie er unsern Vätern geschworen hat, uns geben wollte. Und der Priester soll den Korb aus deiner Hand nehmen und ihn vor dem Altar des Herrn, deines Gottes, niedersetzen. Dann sollst du anheben und sagen vor dem Herrn, deinem Gott:
Mein Vater war ein Aramäer, dem Umkommen nahe, und zog hinab nach Ägypten und war dort ein Fremdling mit wenig Leuten und wur-

de dort ein großes, starkes und zahlreiches Volk. Aber die Ägypter behandelten uns schlecht und bedrückten uns und legten uns einen harten Dienst auf. Da schrieen wir zu dem Herrn, dem Gott unserer Väter. Und der Herr erhörte unser Schreien und sah unser Elend, unsre Angst und Not und führte uns aus Ägypten mit mächtiger Hand und ausgerecktem Arm und mit großem Schrecken, durch Zeichen und Wunder, und brachte uns an diese Stätte und gab uns dies Land, darin Milch und Honig fließt. Nun bringe ich die Erstlinge der Früchte des Landes, das du, Herr, mir gegeben hast.
Und du sollst sie niederlegen vor dem Herrn, deinem Gott, und anbeten vor dem Herrn, deinem Gott, und sollst fröhlich sein über alles Gut, das der Herr, dein Gott, dir und deinem Haus gegeben hat, du und der Levit und der Fremdling, der bei dir lebt. (5. Mose 26, 1–11)
Sie halten auch Rückblick, die Israeliten, am Erntedankfest, dachte ich mir, so ähnlich hab' ich es auch getan. Dankbarer Rückblick und fröhlicher Ausblick. Wenn ich erst zu Hause bin … Amen.

2. Der Arbeitskreis »Musische Angebote für Patientinnen und Patienten«

2.1. Entstehungsgeschichte, Zusammensetzung und Aufgabenbereiche

Es gehört zu den Besonderheiten der Medizinischen Klinik in Ulm, dass wir für jeden Tag der Woche den Patientinnen und Patienten ein Angebot machen, ihr Zimmer zu verlassen oder sich über das Patientenradio bei Veranstaltungen oder Hörfunksendungen einzuklinken.
Die Idee ist in Zusammenarbeit von Sozialarbeitern, einer Ärztin, den Klinkseelsorgern und der Klinikverwaltung entstanden. Unabhängig von einander haben sie darüber nachgedacht, was gegen die sich immer wieder breitmachende Langeweile in der Klinik getan werden könnte und was für eine wohltuende Atmosphäre wichtig wäre. Bald haben sie entdeckt, dass sie eine gemeinsame Idee verbindet.
Dem Arbeitskreis gehören darum heute an: die Sozialarbeiterin und der Sozialarbeiter der Klinik mit ihrem Zivildienstleistenden, der evangelische und katholische Klinikseelsorger sowie die Sekretärin des

evangelischen Klinikpfarramtes, eine Oberärztin, eine Mitarbeiterin der Klinikverwaltung und die Redakteure des Patientenrundfunks.
Der Arbeitskreis trifft sich monatlich. Von der Einrichtung der Patientenaufenthaltsräume, über die Gestaltung des Vorplatzes der Klinik, bis hin zu den musischen Angeboten gegen die Langeweile erstreckt sich der selbst gesteckte Verantwortungsbereich unseres Kreises.
Etwa alle zwei Jahre berichten wir dem Verwaltungsdirektor der Klinik über unsere Projekte, die von ihm auch finanziell unterstützt werden. Wobei betont werden muss, dass alle Aktivitäten für Patientinnen und Patienten ehrenamtlich geschehen und nur die Rundfunkredakteure eine kleine finanzielle Entschädigung bekommen.

2.2. Wöchentliche Angebote

Das wöchentliche Programm umfasst zur Zeit folgende Angebote:

sonntags:	9.15 Uhr evangelischer, 10.30 Uhr katholischer Gottesdienst
montags:	18.00–19.30 Uhr Spielerkreis in der Cafeteria
dienstags:	ab 15.00 Uhr Bücherwagen zum Ausleihen von Literatur
	um 18.00 Uhr Geschichten zum Zuhören in der Kapelle
mittwochs:	16.00 Uhr–17.30 Uhr Bastel- und Werkkreis
	18.00 Uhr vierzehntägig katholische Messe oder ökumenisches Abendgebet
donnerstags:	19.00 Uhr Abendmusik in der Kapelle oder in der Cafeteria
freitags:	18.00 Uhr bis 19.00 Uhr Patientenradio
samstags:	14.00 Uhr bis 15.00 Uhr Patientenradio

2.3. Die Zuständigkeiten und Gestaltung der Angebote

Für alle Angebote sind die Zuständigkeiten klar abgegrenzt:
Die evangelische Klinkseelsorge lädt ein zu dem Spielerkreis und zu den Geschichten zum Zuhören. Gespielt wird in der Cafeteria, wo Spiele, die schnell gelernt und bald beendet sind, auf die Tische gestellt werden. Die Patientinnen und Patienten können dann auswählen, welches Spiel sie spielen wollen.

»Jetzt sind anderthalb Stunden rum, und ich habe es nicht bemerkt«, sagen so manche Patientinnen und Patienten und wundern sich, wie sie beim Spielen alles um sich herum vergessen haben.
»Der Mensch ist nur dann ganz Mensch, wenn er spielt«, sagen die Philosophen und Psalm 104 erzählt davon, dass Gott mit den großen Seetieren spielt. Spielen ist also eine ganz menschliche und gleichzeitig sogar eine göttliche Tätigkeit!
Beim Vorlesen und Zuhören der Geschichten am Dienstagabend sitzen wir im Kreis um eine brennende Kerze oder einen Blumenstrauß. Vorgelesen werden zum Beispiel Kurzgeschichten von Bert Brecht, Siegfried Lenz und Luise Rinser. Oft ergibt sich in Anschluss daran ein Gespräch unter den Teilnehmerinnen und Teilnehmern.
Die Geschichten enthalten oft Deutmuster für eigene Lebenserfahrungen und laden – ähnlich dem Spiel – ein, aus dem oft so bedrückenden Alltagsgeschehen in der Klinik auszusteigen. (Vergleiche auch oben: Erzählende Predigten S. 133)
Am Mittwochnachmittag kommen jeweils zwei »Basteldamen« in die Klinik und leiten Patientinnen und Patienten, meistens kommen jedoch nur Frauen, zum Beispiel an, ein Seidentuch zu bemalen, ein Stofftier zu nähen oder ein Fensterbild auszuschneiden.
»Die Hände sind noch ganz fit«, sagt eine ältere Frau und freut sich über den Bär, dem sie gerade die Pfote annäht. »Ein Geschenk für meine Enkeltochter«, sagt sie stolz.
Am Mittwochabend liest der katholische Priester vierzehntägig eine Messe. An den dazwischen liegenden Abenden laden beide Klinikpfarrer zum ökumenischen Abendgebet ein. Neben einem liturgischen Teil steht dabei das Fürbittgebet im Mittelpunkt. Die Gebete entnehmen wir oft dem Fürbittebuch, das in der Kapelle ausliegt, und in dem Patientinnen und Patienten täglich ihre Anliegen hineinschreiben.
Der Donnerstagabend steht im Zeichen der Musik: Chöre, Instrumentalkreise oder auch der Leierkastenmann musizieren eine halbe Stunde in der Kapelle beziehungsweise in der Cafeteria. Das monatliche Programm hängt auf allen Stationen aus.
Die Musikabende werden von einer Oberärztin betreut. Sie lädt die Musikerinnen und Musiker in die Klinik ein und führt dann auch durchs Programm. Die Musikstunden können – ebenso wie die Gottesdienste – auch über das Bettradio in den Krankenzimmern mitgehört werden.

Vierteljährlich ist die Abendmusik Einstieg zu einer Bilderausstellung in der Cafeteria. Malerinnen und Maler, Fotografinnen und Fotografen können hier ihre Werke ausstellen. Vorzug haben ehemalige Patientinnen und Patienten der Klinik. Für die Ausstellungen ist Oberärztin verantwortlich, die auch die Abendmusik moderiert.
Die Rundfunksendungen für Patientinnen und Patienten werden von einem hauseigenen Studio übertragen. Dabei können Hörerinnen und Hörer kostenlos einen Musikwunsch einbringen. Informationen zu den musischen Angeboten, Kurztexte sowie viel Musik stehen regelmäßig auf dem Programm. Die Freitagssendung wird von einem Mann, die Samstagssendung von jeweils zwei Schülerinnen und Schülern der Klassen 11–13 aus Ulmer Gymnasien moderiert.
Immer wieder werden – je nach Möglichkeit – vom Sozialarbeiter der Klinik Laienspielkreise und Theatergruppen in die Klinik eingeladen. Vor dem großen Hörsaal werden dann Stücke wie »Der kleine Prinz« aufgeführt oder ein Clown zeigt seine Kunststücke.
Im Arbeitskreis für musische Angebote laufen alle Fäden zusammen. Der Arbeitskreis trifft sich monatlich. Federführend ist zur Zeit der Sozialarbeiter der Klinik.

2.4. Akzeptanz der Angebote

In einer Klinik, in der viele Patientinnen und Patienten mit schweren Krankheiten ans Bett gebunden und in ihrem Aktionsradius auf das Zimmer beschränkt sind, können nur wenige an unseren Angeboten in den Aufenthaltsräumen oder der Klinikkapelle teilnehmen. Diejenigen aber, die kommen, tun das ganz bewusst und sind dankbar für die Möglichkeit, innerhalb der Klinik ihre gesunden Funktionen zu trainieren beziehungsweise beim Spiel in eine Seinsvergessenheit einzutauchen.
Oft sind es kleine Kreise zwischen zwei und acht Personen. Dabei kommt es immer wieder zu Begegnungen und Gesprächen, in denen viel Gemeinsames entdeckt wird. So sind unsere kleinen Kreise Treffpunkte von Gleichgesinnten und werden als solche auch aufgesucht.
Meistens kommen Patientinnen und Patienten mit ihrer Zimmernachbarin oder ihrem Zimmernachbarn. Über Flüsterpropaganda spricht sich auf den Stationen schnell herum, wo Interessantes angeboten

wird. Nach dem Spielerkreis zum Beispiel bleiben die Patientinnen und Patienten oft noch beieinander, spielen weiter oder leihen sich Spiele aus, nehmen sie mit aufs Zimmer oder vereinbaren, sich am kommenden Abend wieder zum Spielen zu treffen.
Die Musikabende sind die am besten besuchten Veranstaltungen. Dazu kommen von außerhalb der Klinik Angehörige und Freunde der Musizierenden, so dass sich Gesunde und Kranke in der Klinik treffen.
Gottesdienste, Abendmusik und die Patientenrundfunksendungen können von allen Patientinnen und Patienten kostenlos am Bettradio mitgehört werden. Davon machen doch einige Gebrauch, die ganz bewusst auf das inzwischen auch kostenlose Fernsehangebot verzichten.
Immer wieder kommt in unserem Arbeitskreis die Frage auf, ob der Aufwand für die Angebote in einem angemessenen Verhältnis zum Erfolg, sprich zur Teilnehmerzahl, steht. Aber dann erzählt meistens der eine oder die andere von uns, wie eine Patientin, ein Patient durch eines unserer Angebote mit sich selbst und den anderen Teilnehmerinnen und Teilnehmern eine ganz neue Erfahrung gemacht, eigene Fähigkeiten entdeckt hat und auf eine ganz eigene Art gesund geworden ist.

3. »Stolperstein«, der gedruckte Gruß der Klinkseelsorge

»Ich will aber nicht stolpern!«, sagte ein Patient, als er meinen Klinikgruß, den Stolperstein, in der Hand hielt. »Wenn unser Fuß stolpert, dann sind wir gezwungen, genauer auf den Weg zu schauen. So ist das auch manchmal mit unseren Gedanken«, entgegnete ich. Der Patient wurde nachdenklich und antwortete: »So ein Magengeschwür ist auch eine Art Stolperstein. Es bringt den Alltagstrott durcheinander.«

3.1. Die Idee

Die Idee, einen eigenen Klinikgruß zu schreiben, den ich bei den Krankenbesuchen mitbringe, in der Kapelle auslege und an den Informationstafeln der Stationen aushänge, ist aus einer dreifachen Not geboren:

- es fällt mir schwer, aus dem Überangebot der Verteilschriften ein passendes Heft herauszufinden
- außerdem möchte ich etwas Persönliches mitbringen
- drittens ist die Rückseite des Stolpersteins, der normalerweise die Größe eines gefalteten DIN A4 Blattes hat, ein wichtiger Informationsraum. Dort steht das wöchentliche Angebot unseres Arbeitskreises »Musische Angebote für Patientinnen und Patienten« (siehe oben).

Etwas drei Jahre lang habe ich das persönliche Mitteilungsblatt »Klinikgruß« genannt. Doch dann habe ich gemerkt, der Inhalt entspricht nicht einem Gruß, sondern eher einem Angebot, den Kreis der Gedanken zu weiten und auszusteigen aus dem Gedankenkarussell um Blutwerte, Untersuchungsbefunde und Fieberkurven.

Patientinnen und Patienten, die länger in der Klinik lagen, haben mir angedeutet: Wir brauchen etwas, das uns hilft, den Horizont zu weiten, zu erleben und zu spüren, wie vielfältig wir als kranke Menschen dennoch mit dem Leben verbunden sind.

Ich weiß nicht mehr genau, wie ich nach langen Überlegungen zu dem Namen Stolperstein kam. In ihm ist für mich das verbunden, was Patientinnen und Patienten suchen: eine Möglichkeit, aus dem Trott des Klinikalltags herauszustolpern und dabei zugleich auf etwas Neues zu stoßen. Beim Stolpern etwas zu entdecken, das lange übersehen wurde, obwohl es auf dem Weg liegt. Mit dem Namen »Stolperstein« verbinde ich auch ein Lachen und Schmunzeln, einen Humor, der in Krankenzeiten wie heilsame Medizin wirkt.

3.2. Der Inhalt

Inhaltlich sind die Stolpersteine an den Festen des Kirchenjahres oder auch an den Jahreszeiten orientiert. Das bedeutet, dass alle vier bis sechs Wochen ein neuer Stoperstein erscheint. Oft gehe ich auch von einer Skizze oder einem Bild aus, das mir selbst gefällt, zum Schmunzeln oder Nachdenken anregt und sich mit dem Leben in der Klinik verbinden lässt.

Stolpersteine leben davon, dass bereits das Auge über das Motiv auf der Titelseite stolpert. Dabei ist es mir wichtig, den Text offen zu halten für eigene Gedanken, Phantasien, Ideen und Widersprüche. Toren

gleich, sollte der Inhalt einladen, einzutreten und weiter zu gehen, den weiten Raum zu entdecken.
Der Mann mit dem Krückstock zum Beispiel, der vor einer Pflanze stehen bleibt, die durch den Asphalt gebrochen ist. Was denkt und empfindet er? Ich versuche beide miteinander in ein Gespräch zu verwickeln, in das sich die Leserin, der Leser einklinken kann. Oder auch die beiden auf der Bank am Weg: das Kind mit den Stelzen und die alte Frau mit ihren Krücken. Sie erzählen einander aus ihrem Leben und beim Erzählen weitet sich der Blick.

3.3. Beispiele

a) Der Mann mit dem Krückstock

Der Mann mit dem Krückstock vor der Blume, die durch den Asphalt bricht, hat mich spontan angesprochen. An Gespräche mit Patientinnen und Patienten hat er mich erinnert:
»Wissen Sie, seit ich krank bin, sehe ich vieles, was ich früher übersehen habe, nehme ich viel mehr wahr. Oft sind es die kleinen Dinge, die mir viel Kraft geben.«
Es hat mich gereizt, die kleine Pflanzte mit der großen Sprengkraft und den Mann, der mit seinem Krückstock vor ihr stehen bleibt, ins »Gespräch« miteinander zu bringen.

Liebe Patientinnen, liebe Patienten!

Nanu!
Du, hier auf dem Gehsteig,
durch den harten Asphalt hindurch?
Wer hat dir die Sprengkraft verliehen?
Du hast doch keine Blätter aus Stahl!

Merkwürdig, dass du ausgerechnet hier blühen willst!
Hast du denn keine Angst, zertrampelt zu werden?

Ja, ich verstehe.
Du hast dir den Platz, wo du blühst, nicht aussuchen können.
Der harte Boden hat deine Widerstandskraft herausgefordert,
dich stark gemacht?

Ja, eben, es muss auch eine Kraft in dir selbst stecken.
Eine Lebenskraft, die zum Licht drängt.
Ja, ja, freilich in mir auch.
Sonst wäre ich nicht hier.

Merkwürdig, dass wir uns begegnet sind!
Weil uns etwas verbindet, sagst du?
Und was wäre das?
Mit meinem Krückstock soll das etwas zu tun haben?
Ich muss doch bitten!
Den Krückstock brauche ich, weil ich etwas unsicher bin.
Aber ich möchte dennoch spazieren gehen!

Die Antwort hätte ich mir gerade selbst gegeben? Komisch!
Fange ich etwa an, senil zu werden?

Du, ich muss jetzt weiter, es fängst an zu regnen.
Ich möchte dennoch meine Runden drehen, verstehst du?

Das ist's, genau!
Was soll ich den jetzt mit dieser Antwort anfangen?

Ich wünsche Ihnen und Ihren Angehörigen
Gottes Segen
Und grüße Sie herzlich
Ihr Klinikpfarrer

b) Kind und Frau auf der Bank

In unserer Klinik liegen viele ältere Frauen und Männer mit den Zeichnungen ihrer Enkelkinder an der Wand neben dem Bett. Oft treffe ich die Großfamilie im Krankenzimmer. Die Enkelkinder sitzen auf dem Bett und fragen besorgt, warum Oma oder Opa nicht mit nach Hause kommen kann.

Das Bild der alten Frau mit dem Kind auf der Bank hat mich gereizt, einem solchen Gespräch zwischen einem älteren Menschen und einem Kind nachzulauschen.

Liebe Patientinnen, liebe Patienten!

Was sie wohl miteinander reden, die beiden auf der Bank, das Mädchen mit den Stelzen und die alte Frau mit den Krücken?

Im Augenblick ist das Mädchen ganz Ohr und hört zu. Richtig hingekuschelt hat es sich an die alte Frau. Nur der Kopf ist ein wenig zur Seite geneigt. »Wenn ich Dich spüre, kann ich besser zuhören.«

Haben sich die beiden zufällig auf der Bank getroffen? Die eine, die

froh ist, endlich die Bank erreicht zu haben, die andere, die stolz ist, es ebenfalls bis zur Bank geschafft zu haben.
Sind es Oma und Enkelkind, die beim abendlichen Spaziergang hier Rast machen und einander erzählen, wovon der Tag erfüllt war?
Sorgen spiegeln sich auf dem Gesicht des Kindes: »Musst Du immer mit Krücken laufen? Warum?«
»Weißt Du«, antwortet die alte Frau, »meine Füße haben mich viele Jahre getragen. Jetzt sind sie müde geworden. Sie brauchen Hilfe. Die Krücken entlasten.«
Sie sagt das ohne Bitterkeit, ohne Selbstmitleid. Sie erzählt von dem Schweren als der anderen Seite des Lebens: »Gebrechen sind Spuren von Leben ...«
Ja, es könnte auch alles ganz anders sein: »Ich laufe auf Stelzen, weil ich größer sein möchte. – Warum bin ich immer noch so klein?«, fragt das Mädchen.
»Wenn du auf deinen Stelzen stehst, bist du größer als ich«, antwortet ihr die alte Frau lachend. Aber das ist kein echter Trost.
»Ich bin die Kleinste in der Klasse. Die anderen lachen mich immer aus. So groß wie auf den Stelzen möchte ich in Wirklichkeit sein!«
Da spürt die Frau mit den Krücken: Jetzt muss ich von mir erzählen, wie ich fröhlich war, gelacht, getanzt, gearbeitet habe, obwohl viele Wünsche unerfüllt blieben. Und dabei schaut sie an dem Mädchen vorbei in eine andere Wirklichkeit, in der unsere unerfüllten Wünsche aufgehoben sind.
»Weißt du«, beginnt sie, »als ich so alt war wie Du, ...« und erzählt ihre Geschichte.
So sitzen sie da, die beiden, zwischen Stelzen und Krücken.
Mit herzlichen Segenswunsch
Ihr Klinikpfarrer

P.S.: Vielleicht schreiben Sie, liebe Leserin, lieber Leser, die Erzählung der Frau mit den Krücken weiter.

c) Mann in der Hängematte

»Dazu werde ich im Sommer einen Klinikgruß schreiben«, war mein spontaner Einfall, als ich die Zeichnung mit dem Mann in der Hängematte über dem Krankenbett fand. Die Sommerzeit ist für viele Patientinnen und Patienten besonders schwer zu ertragen: »Eigentlich wäre

ich jetzt im Urlaub«, sagen manche und schauen mich schweigend an. Nach längerer Pause fügen sie oft fest entschlossen hinzu: »Jetzt bin ich hier und muss das Beste daraus machen. Ich hab' mir das nicht ausgesucht.«
Ein Standhalten spricht aus solchen Sätzen und eine große Kraft, so wie auf dem Bild:

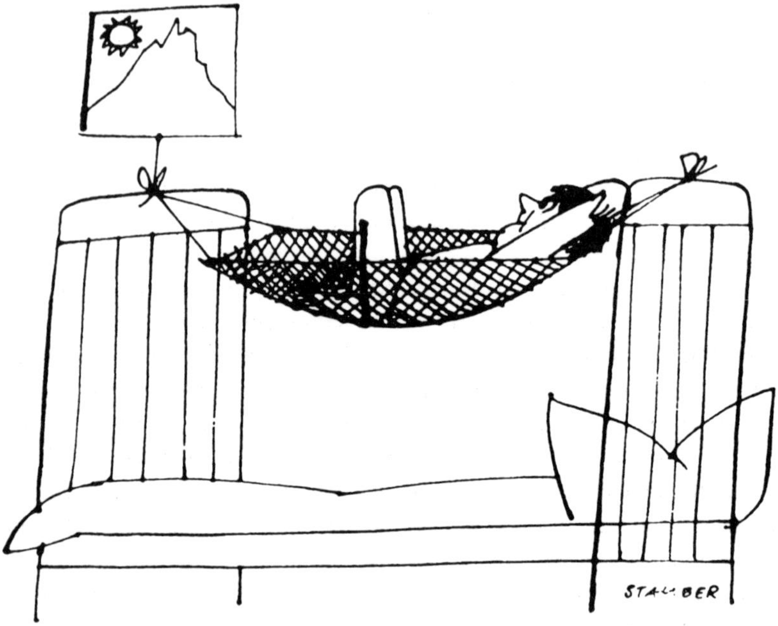

Liebe Patientinnen, liebe Patienten!

»Dass Du ausgerechnet jetzt in der Klinik liegst!
Dennoch herzliche Grüße aus Graubünden!«
Urlaubskarten sind wie Fenster. Manche Wand ist von ihnen durchlöchert.
»Nun, ich habe mich nicht, noch nicht damit abgefunden, dass ich hier liege. Ich habe meine Hängematte ausgespannt – wenn auch nur in Gedanken – und fliege mit euch aus, weit weg von hier. Dort suche ich mir meinen Platz, meinen Lieblingsplatz mit Blick auf den Berg.«
Erstaunlich, welche Kraft in der Fantasie steckt, welch distanzierende,

heilende Kraft! Die Gedankenflügel kann dir, Gott sei Dank, keiner stutzen. Schnell fliegst du mit ihnen, schneller als das Licht.
In der Tat, es dauert einige Zeit, bis ich sie verknotet habe, meine Hängematte. Ja, ich bleibe hier! So wie jetzt gerade mit unter dem Kopf verschränkten Armen liege ich da und denke nach.
Es gibt viel nachzudenken.
In der Tat, das ist wie bei einer Bergtour:
Der Grat ist schmal, der Grat zwischen Nachdenken und Grübeln. Das sanfte Wiegen in der Hängematte hat mich jedoch auf eine Denkkunst gebracht. Ich lasse die Gedanken kommen und gehen, halte keinen fest und, das ist mir noch wichtiger: Ich lasse mich von keinem festhalten. So wie auf dem Bild: Ich habe Abstand von meinem Bett und doch gibt es mir Halt und Ruhe ...
Ja, hier liege ich richtig, mitten im Sommer und – woher kommt jetzt der Gedanke? – getragen werde ich auf Flügeln, die ich mir selbst nicht stutzen kann.
Mit herzlichen Segenswünschen an Sie und Ihre Angehörigen
Ihr Klinikpfarrer

3.4. Die Reaktionen

Inzwischen liegen die Stolpersteine überall in der Klinik aus. Ja, sie werden gesucht, so paradox das klingen mag. Es kommen immer wieder ehemalige Patientinnen und Patienten, die nur kurz zur Nachuntersuchung in der Klinik sind und holen sich den neuesten Stolperstein.
Eine junge Ärztin erzählte mir, sie habe sich eine extra Mappe für den Stolpersteine angelegt. Patientinnen und Patienten, aber auch Schwestern und Pfleger sprechen mich oft auf den Stolperstein an.
Einige Patientinnen und Patienten finden allerdings schwer oder auch keinen Zugang zu den Inhalten der Stolpersteine. Sie suchen bekannte Texte aus Gesangbuch und Bibel. So habe ich meistens neben dem Stolperstein auch noch andere kleine Schriften oder Spruchkarten als Gruß der Klinikseelsorge dabei.

VI. Theologische Reflexion: Spurensicherung und Standortbeschreibung

von Helmut Herberg

1. Spurensicherung

1.1. Auf der Suche nach einem erfahrbaren Gott

Spurensicherung wird nötig in Zeiten zunehmender Orientierungs- und Richtungslosigkeit. Der lange Atem postmoderner Beliebigkeit ist flacher geworden. Kurzatmigkeit, nicht zuletzt als Folge zunehmender »geistiger Luftverschmutzung«, wird vielerorts beklagt. Hinzu kommt die schmerzliche Erkenntnis, dass der volle Kühlschrank nicht satt macht und mit den Angeboten der gut bestückten Hausbar, der Durst nicht mehr zu stillen ist.

Die Patchworkarbeit des eigenen Lebens hat nicht nur viel Kraft gekostet, sondern auch die Sehnsucht geweckt, das ganze einmal aus der Distanz, aus einer anderen Perspektive zu betrachten. Diese Sehnsucht verbündet sich mit der Hoffnung, in dem bunten Erlebnis- und Erfahrungsteppich so etwas wie einen inneren Zusammenhang, eine Leitlinie, ein Muster oder zumindest ein sinnvolles Verwobensein zu entdecken.

Konkret wird diese Sehnsucht als Hunger nach religiöser Erfahrung. Der Hunger geht von den Sinnen aus, von Augen, Ohren, dem Geschmack, und verbindet Leib und Seele. Die großen Kirchen aber sind auf Bedürfnisse des Leibes und der Seele nur unzureichend eingestellt. Übervoll sind ihre Tische mit kopflastigen Angeboten, die das Knurren im Magen kurzfristig vergessen lassen. Der institutionelle Rahmen lähmt.

Eine Volkskirche, die es allen Recht machen und sich selbst erhalten will, ist zum Schluss von der allgemeinen Vereinsmeierei nicht mehr zu unterscheiden. Sie verflüchtigt sich selbst. Oder, um im Bild zu bleiben, ihre verdünnte Speise macht niemanden satt.

Wache Köpfe haben das Problem erkannt. Die einen versuchen den Rahmen zu sprengen, fegen alle kopflastigen Denkmodelle vom Tisch

und bieten, der Not gehorchend, Fertiggerichte an: eine Art religiösen Brei, vorgekaut und angereichert mit dem künstlichen Aroma aus der Psychoszene. Begeistert schlingen die Hungrigen den Brei herunter und schreien mit leuchtenden Augen nach mehr.
Die anderen greifen, um Suchterscheinungen zu vermeiden, auf die Tradition zurück. Holen Eingefrorenes aus der Tiefkühltruhe, um es – Dank religiöser Mikrowelle – als Schnellgericht zu servieren. Doch trotz neuartiger Gewürzmischungen dringt der fade Geschmack des Vorgestrigen durch.
Inzwischen hat es sich auch längst herumgesprochen, dass es neben den Kirchen einen breiten Markt religiöser Erlebnis- und Erfahrungsmöglichkeiten gibt. Religion zum Einkaufen, je nach Geldbeutel, Geschmack und Bedarf. Mit einem hohen Preis sind alle sozialen Verpflichtungen abgegolten. Religion als Selbsterfahrung, Selbsterweiterung, Selbstfindung. Ein Ab- oder Auftauchen in die Tiefe der Meditation oder die Höhen der Selbstentäußerung, der Ekstase. Ein endloser Tanz ums vergoldete Ich.
In der Klinik finden sich alle unfreiwillig zusammen: die treuen Kirchgänger und die, die ihren religiösen Hunger außerhalb der Kirche stillen; die bewussten Christen und die immer noch Suchenden. Nicht zu vergessen, die beiden großen Gruppen von Frauen und Männern, die unter beziehungsweise an ihrer Kirche leiden und diejenigen, die in wohlwollender Gleichgültigkeit – Distanz, wie einige sagen – zur Kirche stehen. Wir Klinikseelsorgerinnen und Klinikseelsorger stehen mitten drin. Im Begegnungsraum Klinik gibt es keine Kerngemeinde.
»Grüß Gott, ich bin Klinikpfarrerin, Klinikpfarrer und komme Sie besuchen.« Die Frauen und Männer, die Kinder in den Krankenhausbetten schauen uns dann meistens mit großem, erstaunten Blick an und schweigen.
Spätestens jetzt, wenn nicht schon beim Drücken der Klinke oder noch früher beim Verlassen unseres Büros ist es wichtig, uns darüber im Klaren zu sein, dass wir Nachfolgende sind. Der, der uns beauftragt, Kranke zu besuchen, ist bereits im Zimmer. Kranke Menschen sind Geheimnisträger Gottes. Wir folgen Ihm nach, folgen seinen Spuren, lassen uns von Ihm, der uns in den Kranken begegnet, leiten.
Spurensicherung nennen wir diesen wichtigen Prozess, der eine längere Vorgeschichte hat. Spurensicherung, die zur Standortbeschreibung führt. Das ist eben kein abgeschlossener, sondern ein offener Prozess,

dessen Grundströmung im folgenden beschrieben werden soll: Es geht dabei, wie bereits angedeutet, um die Spuren des Ursprungs christlichen Glaubens, um die Spuren Jesu. Sie zu entdecken, sie auszugraben, setzt die Bereitschaft voraus, die Siebenmeilenstiefel der Christologie zunächst einmal auszuziehen, denn die Täler des Anfangs, des Ursprungs, genauer gesagt des »Urgeschehens« (Westermann) dürfen nicht übersprungen werden. Sonst finden wir nicht zur Quelle im Tal.

1.2. Das Segenshandeln Gottes im Urgeschehen

Die Schöpfungsgeschichte gehört bekanntlich zu dem breiten Strom, der vom Segenshandeln Gottes erzählt. Dieser Strom, das hat Claus Westermann gezeigt, war von Anfang an ein selbständiger Traditionsstrom neben dem vom Rettungshandeln Gottes:
»Die beiden Weisen des dem Menschen zugewandten Handelns Gottes, das Retten und das Segnen, bleiben vom Anfang bis zum Ende der in der Bibel erzählten Geschichte nebeneinander bestehen. *Sie können nicht auf einen Begriff gebracht werden.* Das ist schon deswegen nicht möglich, weil diese beiden Weisen des dem Menschen zugewandten Handelns Gottes verschieden erfahren werden: Retten und Rettung Gottes werden als Ereignis erfahren, einem ›Eingreifen‹ Gottes entsprechend. Das Segnen ist ein stetiges Handeln Gottes, das da ist oder nicht da ist; es kann so wenig in einem Ereignis erfahren werden wie das Wachsen, das Reifen oder das Abnehmen der Kräfte.«[30] Und weiter: »Die Unterscheidung von rettendem und segnendem Handeln Gottes wirkt sich auf den Gottesbegriff aus. Der rettende ist der kommende Gott, der segnende der gegenwärtige.«[31]
Hier entdecken wir Spuren und Wegzeichen, die schon bald verwischt, verweht, vergessen worden sind. An drei möchte ich erinnern:
1. In der Schöpfungsgeschichte sowie in der gesamten Urgeschichte wird universal von Gott geredet. Die ganze Welt ist Gottes Gegenüber. Der Glaube an Gott trennt die Menschen nicht von anderen Menschen. Der Schreiber der Schöpfungsgeschichte in Genesis 1 nimmt

30 Westermann, Der Segen Gottes in der Bibel und im Handeln der Kirche, München 1992, S. 11f.

31 Westermann, a.a.O., S. 15

vielmehr die Stimmen, Gedanken, Vorstellungen der Nachbarvölker mit auf in sein Bekenntnis von Gott als dem Schöpfer von Himmel und Erde. »Alles, was das partikulare Reden von Gott meint, fällt hier weg.«[32]

Diese Weite ist für Klinikseelsorgerinnen und Klinikseelsorger unendlich wichtig. Sie wird zum Beispiel im Kindergottesdienst erfahren, wenn sich Kinder, die unterschiedlichen Kulturkreisen, Konfessionen und Religionen angehören, angenommen und wohl fühlen. Ohne diese Weite, wie sie auf den ersten Seiten der Bibel angesprochen wird, würden wir die Menschen, denen wir in den Krankenzimmern begegnen, allein lassen.

2. »Alle Daseinsbereiche sind gleich unmittelbar zu Gott. Es fehlt die Sonderung von heilig und profan, d. h., es fehlt ein religiöser Daseinsbereich.«[33]

Das Wirken Gottes wird mit allem, was auf der Erde ist und geschieht, in Verbindung gebracht. Christoph Schuler hat in seinem Beitrag geschrieben: »Im psychotischen Krankheitsgeschehen konstellieren sich neben bizarren Geschichten auch Selbstheilungs- und Segenskräfte, die vom Seelsorger wahrgenommen und aufgegriffen sein wollen, und die im gemeinsamen Gespräch mit dem Patienten benannt und gefördert werden können.«[34]

Hier hat auch die Offenheit gegenüber den Gotteserfahrungen in der lange Zeit abgewerteten, sogenannten natürlichen Theologie ihren Platz: Im Regenbogen, im Duft des Salböls, im Hefezopf, im Blumenstrauß, im Edelstein, in der Wärme der Hand wird Gottes Nähe spürbar.

3. Die Menschen sind als Mann und Frau Ebenbild Gottes. Diese allen Menschen von Gott zugesprochene Würde kann von keiner Macht aufgehoben werden. Vor Gott gibt es keine Stufen. Als Ebenbild Gottes sind die Menschen wesensmäßig daraufhin angelegt, Gott zu antworten und verantwortlich zu leben. Sie erhalten den Auftrag, so fürsorglich wie Gott mit der ihnen anvertrauten Schöpfung umzugehen.

»›Gott ist der Schöpfer‹ – das meint nicht, Gott stelle uns eine fertige Welt zur Verfügung, unsere Sache wäre dann nur das Genießen und

---

32 Westermann, Genesis 1–11, Neukirchen 1983, S. 799

33 Westermann, a. a. O.

34 C. Schuler, oben S. 51

Konsumieren. ›Gott ist der Schöpfer‹ – das meint: Gott stellt uns in eine Welt hinein ... mit der wir etwas anfangen können und auch anfangen sollen. ›Gott ist der Schöpfer‹ – das heißt also auch: Es gibt keinen Menschen, mit dem wir ›nichts anfangen‹ können; wer das dennoch behauptet, der hat gelogen, hat den Schöpfer beleidigt.«[35]
Hier ist der Grundstein gelegt für eine evangelische »Theologie der Unvollkommenheit«[36]. Wir müssen vor Gott nicht stark, nicht gesund, nicht unfehlbar sein. In der seelsorgerlichen Begleitung von kranken Menschen geht es immer auch um die Stärkung ihres Selbst- und Wertbewusstseins.
»Die Gesundheit ist etwas Herrliches und wirklich nicht zu verachten; die Krankheit ist etwas Schlimmes und sie kann uns mürbe machen. Aber *das* sind Krankheit und Gesundheit *nicht*: Eine Aussage über Gottes Einstellung zu uns, über seine Verhaltensweise gesunden und kranken Menschen gegenüber. Du bist gesund – ja und? Du bist ein Kind Gottes; das weißt du durch Christus. Ich bin behindert – ja und? Ich bin ein Kind Gottes; das weiß ich durch Christus. Aufgegeben ist uns, miteinander geschwisterlich zu leben.«[37]

1.3. Das Segenshandeln Gottes in Jesus von Nazareth

a) nach den ersten drei Evangelien

Lesen wir das Markusevangelium oder auch die Synoptiker insgesamt, so wird uns immer deutlicher: Jesus folgt in seinem Handeln und Reden den Spuren Gottes, wie sie im Urgeschehen sichtbar geworden sind. Oder anders und genauer formuliert: Das ganze Leben Jesu ist als Segenswirken, Segenshandeln Gottes beschrieben.
Mit Jesus bricht die Heilszeit an, das Reich Gottes, in dem die Grenzen zwischen profan und heilig aufgehoben sind wie im Urgeschehen. Die Heiden bekommen Anteil am Heil (Mk 5 und 7). Jesus nimmt Gott ernst als den gegenwärtigen Gott, der den Menschen ihre Würde, ihr Lebensrecht zuspricht. Er wagt es, aus der Fülle des Heils, aus der

35 U. Bach, Getrenntes wird versöhnt. Wider den Sozialrassismus in Theologie und Kirche, Neukirchen Vluyn, 1989, S. 22f.
36 C. Schuler, oben S. 51
37 U. Bach, a.a.O., S. 160f.

Segenskraft Gottes zu leben, und er bezieht andere, die sonst draußen stehen, mit ein in das Heil Gottes.
Nach dem Lukasevangelium segnet Jesus seine Jüngerinnen und Jünger bevor er in den Himmel entrückt wird. »Er legt damit seinen Frieden, sein Heil, als bleibende Gegenart in seine Gemeinde hinein.«[38]
»Er führte sie aber hinaus nach Bethanien und hob die Hände auf und segnete sie. Und es geschah, als er sie segnete, schied er von ihnen und fuhr auf gen Himmel« (Luk 24,50f). Die zurückbleibende Gemeinde wird mit jener Lebensmacht ausgestattet, die den Mächten des Todes nicht nur Widerstand leistet, sondern sie auch überwindet.
Von dem auferstandenen Christus gesegnet sein, heißt Anteil bekommen an der Macht Gottes, die Menschen befähigt, Gottes Willen in dieser Welt zu tun.

b) nach dem Johannesevangelium

Das ganze Johannesevangelium erzählt die Jesusgeschichte als Segenshandeln Gottes: Jesus verherrlicht Gott, indem er ihn als den Schöpfer von Himmel und Erde lebendig macht und verleiblicht, so dass die Menschen ihn erkennen, verstehen und an ihn glauben.
In vielfältigen Bildern vom Wachsen, Gedeihen, Reifen und Frucht bringen, in Geschichten von der Überwindung der Todesmächte (z.B. Joh 11) wird der durch Jesus erlebte Segen Gottes beschrieben. Das ganze Leben Jesu ist nach dem Johannesevangelium der Raum, in dem sich Gott der Welt offenbart, in dem Gott präsent wird.

c) nach den anderen Überlieferungen des Neuen Testaments, die das Jesusgeschehen zusammenfassend als Segenshandeln Gottes beschreiben

An einigen anderen Stellen des Neuen Testaments wird das gesamte Leben und Wirken Jesu mit »segnen« zusammengefasst: »Für euch zuerst hat Gott seinen Knecht Jesus erweckt und hat ihn euch gesandt, euch zu segnen, dass ein jeder sich bekehre von sein Bosheit« (Apg 3,26). Ähnlich Epheser 1,3: »Gelobt sei Gott, der Vater unseres Herrn Jesus Christus, der uns gesegnet hat mit allem geistlichen Segen im Himmel durch Christus«.

---

38 Westermann, a.a.O., S. 85

Nach Galater 3,9 sind diejenigen, die an Christus glauben, »gesegnet mit dem gläubigen Abraham«. In Römer 15,29 beschreibt Paulus sein Evangelium als die Fülle des Segens Christi: »Ich weiß, dass ich, wenn ich zu euch komme, in der Fülle des Segens Christi kommen werde.« Hier wird Segen in enger Anlehnung an die Schöpfungsgeschichte als ein Wachsen und Reifen, ein Gelingen des Lebens in allen Bereichen beschrieben.
In dem Angesicht Jesu, im Angesehenwerden durch Jesus, erkannten die Menschen die Herrlichkeit Gottes (2. Kor 4,6). So menschlich wirkte Gottes Segen. Allzu menschlich ist darum auch die Angst Jesu und die seiner Jüngerinnen und Jünger, der Segensstrom Gottes könnte durch seinen Tod unterbrochen werden oder gar versiegen.

d) nach den Osterberichten, die bezeugen, wie Gott alle zeitliche Begrenzung des Segenshandelns Jesu aufhebt

Wird der lebendige Gott mit seiner Segenskraft so nahe, so leibhaftig erfahrbar bleiben, wenn die Römer Jesus gekreuzigt haben? Karfreitag endet mit dem Schrei Jesu: »Mein Gott, mein Gott, warum hast du mich verlassen?«
Die Antwort Gottes heißt Auferstehung. Gottes Segenshandeln lässt sich durch den Tod nicht zeitlich begrenzen. Es wirkt – eben als Segenshandeln – weiter, zu allen Zeiten bis heute und über das heute hinaus, von Ewigkeit zu Ewigkeit. Es bleibt Gottes Segenshandeln die durch keine Macht, weder durch Krankheit noch durch den Tod (vgl. Röm 8,34 ff) aufgehalten werden kann.
Gott bleibt den Menschen zu allen Zeiten nahe als der Segnende. Er begegnet ihnen leibhaftig in jeder Frau, in jedem Mann, in jedem Kind. In jedem Augenblick des Ansehens und Angesehenwerdens, in jedem Augenblick der Liebe: »Gott ist Liebe; und wer in der Liebe bleibt, der bleibt in Gott und Gott in ihm« (1. Joh 4,16)
In der Botschaft von der Auferstehung Jesu sind Segens- und Rettungshandeln Gottes so eng wie sonst nirgends in der Bibel miteinander verbunden: Auferstehung Jesu ist Gottes rettendes Handeln, damit der Segen weiterwirkt.
Wie in einer Ellipse ist in der Botschaft von der Auferstehung Jesu das Bekenntnis zu Gott in zwei Brennpunkten festgehalten: Gott ist den Menschen zugewandt als der Rettende und Segnende. Die in der Begegnung mit dem auferstandenen Jesus gemachte Erfahrung: Gott

bleibt unser Gott im Leben und im Sterben, in Zeit und Ewigkeit, haben die Freundinnen und Freunde Jesu in dem Namen Christus zusammengefasst. Ursprung einer glaubwürdigen Christologie.

e) nach den Berichten von der Himmelfahrt Jesu und von Pfingsten, die bezeugen, dass Gottes Segenshandeln nicht räumlich begrenzt ist, noch durch menschliche Konventionen begrenzt werden kann

Segnend schickt Jesus sein Jüngerinnen und Jünger in die Welt, denn Gottes Güte reicht soweit der Himmel ist (Ps 36,6). Keine, keiner darf auf Grund der Sprache, des Geschlechts, der Hautfarbe, der Nationalität von Gottes Segen ausgeschlossen werden.

1.4. Folgerungen für die Klinikseelsorge

Gesegnet sein ist die Erfahrung der heilsamen Gnade Gottes: Menschen erfahren sich in der Begegnung mit Jesus vorbehaltlos angenommen. Bei ihm, der den segnenden Gott inkarniert, also verleiblicht hat, galt kein Mensch als unberührbar, ausgesetzt oder ausgeschlossen vom Heil Gottes: »Blinde sehen, Lahme gehen, Aussätzige werden rein, Taube hören, Tote stehen auf, Armen wird das Evangelium gepredigt« (Luk 7,22). Diese Erfahrung befreit und befähigt dazu, mit anderen liebend in Beziehung zu treten, Nähe anzunehmen und zu schenken. Sie befreit dazu, Klinikseelsorgerin, Klinikseelsorger zu sein und den Spuren Jesu zu folgen.
Dabei begegnen wir auf den Stationen der Kliniken Menschen, oft sind es die Sensibelsten, die in der Hektik der Leistungsgesellschaft nicht mehr mitkommen. Ihr Herz, ihr Magen, ihre Psyche drücken aus, was ihnen fehlt: »Ich weiß, warum ich hier liege. Seit drei Jahren habe ich keinen Urlaub mehr gemacht«, sagt ein Patient und fügt hinzu: »Jetzt habe ich Zeit über alles nachzudenken.«
Klinikseelsorgerinnen und -seelsorger, die den Spuren Jesu folgen, werden immer lauter danach fragen, was Menschen krank macht und wie krankmachende Lebensbedingungen geändert werden können. Das heißt Klinikseelsorgerinnen und -seelsorger werden durch das Leiden der Menschen herausgefordert, politisch zu werden und stellvertretend für die Opfer der sogenannten Wohlstandsgesellschaft ihre Stimme zu

erheben. Dabei werden wir uns deutlicher als bisher auf das segnende Handeln Gottes berufen und sagen, welchen Menschen wir meinen, wenn wir vom gesegneten Menschen als dem Ebenbild Gottes sprechen.
Das Segenshandeln Gottes in Jesus von Nazareth ist die Spur, die aus Resignation, aus selbstverschuldeter Sprachlosigkeit, aus schleichender Depression zur Quelle führt: »Die Freude am Herrn ist eure Stärke« (Neh 8,10). Diese Grundhaltung, dem Segenshandeln Gottes in Jesus Christus zu folgen, verbindet die Autorinnen und Autoren dieses Buches. Die gemeinsame Grundhaltung ist so stark, dass sie Unterschiede fördert und als Bereicherung empfindet.

2. Standortbeschreibung

Wenn ich als Klinikseelsorger nach dem Gang durch die Stationen der Klinik, nach den Begegnungen mit den Patientinnen und Patienten, mit Schwestern und Pflegern, Ärztinnen und Ärzten zurückgehe in mein Büro oder nach Hause, dann spüre ich die Veränderung. Eine Veränderung, die kaum mit Worten zu beschreiben ist. Ich versuche zu verstehen, was geschehen ist, wo ich jetzt stehe. Ja, eine Art Standortbeschreibung, wobei dieser Ausdruck eigentlich zu statisch ist. Trotzdem möchte ich dabei bleiben und die Beschreibung versuchen.
Merkwürdigerweise sind die Gedanken dabei immer wieder zurückgekommen auf Hagar, die ägyptische Gehilfin im Zelt Abrahams, die – neben Sara – Abrahams rechtmäßige Frau wird und ihm seinen ersten Sohn mit Namen Ismael (übersetzt: Gott hat gehört) schenkt (Genesis 16).
Ihre lange Geschichte voller Demütigungen und Intrigen kann hier nicht erzählt werden. Aber als Hagar auf Drängen Saras von Abraham in die Wüste geschickt wird, begegnet ihr am Brunnen zwischen Kadesch und Bered Gott in der Gestalt eines Engels. Nach dieser Gottesbegegnung heißt es:
»Und sie nannte den Namen des Herrn, der mit ihr redete: Du bist ein Gott, der mich sieht. Denn sie sprach: Gewiss habe ich hinter dem hergesehen, der mich angesehen hat. Darum nannte man den Brunnen ›Brunnen des Lebendigen, der mich sieht‹« (Gen 16,13+14).

Ich komme von diesem schlichten Bekenntnis der Hagar nicht los. Es treibt mich um, seit ich diese Verse wiederentdeckt habe. Eine ägyptische Magd beschreibt das Wesen des Glaubens, erklärt aus ihrer eigenen Betroffenheit heraus das steile Wort Theologie: »Du bist ein Gott, der mich sieht« und: »gewiss habe ich hinter dem hergesehen, der mich angesehen hat«.
Der Grund aller Theologie wird benannt: »Du bist ein Gott, der mich sieht.« Gott sieht mich an, gibt mir Ansehen und Würde, gibt mir Lebensrecht und Lebensraum. Wie immer andere Menschen Gott nennen mögen, für mich ist Gott der, der mich sieht, das heißt der, der sich mir in meiner Not zuwendet: »Ich habe hinter dem hergesehen, der mich angesehen hat!«
Ich kenne keine schönere, keine kürzere, keine genauere, auch keine bescheidenere Beschreibung von Theologie. Sie hebt sich wohltuend ab von jenen plakativen Genitiv-Theologien der Moderne. »Ich habe hinter dem hergesehen, der mich angesehen hat.«
Spurensicherung und Standortbeschreibung zugleich. Eine sehr tröstliche, ja gewissmachende Entdeckung: der mich ansehende Gott geht mir immer voraus. Auch die größten Theologen wussten es genau. Ich erinnere nur an Luthers letzten Satz: »Wir sind Bettler, das ist wahr.« Auch die größten Theologen hatten immer das Nachsehen. Dieses Gott-Nachsehen aber gibt, so paradox das klingt, Perspektive. Es ist keine Rückwärtsschau, sondern ein Nachsehen des vorangehenden Gottes. Hier finde ich mich wieder.
Ich bin von Gott angesehen worden mit den Augen der Kranken. Ich habe Zeichen seiner Gegenwart erlebt und gespürt: Er ist dabei gewesen, darin gewesen: in dem lösenden und ermutigenden Wort, in der Erzählung der Lebensgeschichte, in dem Brot des Lebens, im Saft der Traube, im Duft des Salböls, in der Gebärde des Segens, im Schweigen, in der Klage.
Nun schaue ich hinter Ihm her. Ich versuche, das Erlebte einzuordnen, zu verstehen, einen Sinn zu erkennen und zu spüren: Ich komme an Grenzen. Ich habe das Nachsehen. Vieles sperrt sich dagegen, gedeutet und verstehbar zu werden. Die Grenzen liegen oft in mir selbst. Um sie zu erkennen, sie anzunehmen und wenn möglich zu weiten, bleibe ich auf die Zeit der Stille, des Gesprächs mit Kolleginnen und Kollegen und die Supervision angewiesen.
»Danke!«, sagen Patientinnen und Patienten. »Danke, das hat mir gut

getan und geholfen.« Ich aber denke: Ich habe doch gar nichts gemacht, nur Raum gegeben: Raum für die Tränen, für die Traurigkeit, die Wut, die Angst, die offenen Fragen. Staunend und dankbar schaue ich Gott nach. Noch einmal möchte ich auf die alte biblische Geschichte von Hagar zurückkommen: Der Spruch des Boten Gottes an Hagar gleicht in Inhalt und Form in auffallender Weise der Botschaft, die der Engel Maria, der Mutter Jesu, überbringt: »Siehe, du wirst schwanger werden und einen Sohn gebären, des Namen sollst du Jesus heißen« (Luk 1,31).

Ich kann dieser merkwürdigen Übereinstimmung hier nicht weiter nachgehen. Mir wird jedoch bewusst, mit dem Nachsehen Gottes stehe ich erst am Anfang. Ich bin gespannt, wohin Gott vorausgeht. Oder im Bild der alten Erzählung: Der Brunnen des Lebendigen, der mich sieht, ist tief. Er reicht bis ins Grundwasser. Darum: »Wen da dürstet, der komme und wer da will, der nehme das Wasser des Lebens umsonst« (Offb 22,17). So heißt es im letzten Buch der Bibel. Theologie lebt vor diesem weiten Horizont. »Ich habe hinter dem hergesehen, der mich angesehen hat.« So verstandene Theologie lebt von dem Spannungsbogen, der Zeit und Ewigkeit umfasst.